湖北省自然科学基金项目（2021CFB541）、湖北省重点研发计划项目（2020BCA084）、湖北省自然科学基金项目（2017CFB310）、国家自然科学基金项目（41807265）资助出版

城区临近埋地管道爆破振动控制及工程应用

蒋楠　周传波　姚颖康　罗学东　张震　著

武汉大学出版社

图书在版编目(CIP)数据

城区临近埋地管道爆破振动控制及工程应用/蒋楠等著.—武汉:武汉大学出版社,2023.2
ISBN 978-7-307-23342-3

Ⅰ.城… Ⅱ.蒋… Ⅲ.埋地管道—爆破振动—振动控制—研究 Ⅳ.U173.9

中国版本图书馆 CIP 数据核字(2022)第 186832 号

责任编辑:王 荣　　责任校对:汪欣怡　　版式设计:马 佳

出版发行:**武汉大学出版社**　(430072　武昌　珞珈山)
(电子邮箱:cbs22@whu.edu.cn 网址:www.wdp.com.cn)
印刷:武汉邮科印务有限公司
开本:787×1092　1/16　印张:10.5　字数:207 千字　插页:1
版次:2023 年 2 月第 1 版　　2023 年 2 月第 1 次印刷
ISBN 978-7-307-23342-3　　定价:36.00 元

版权所有,不得翻印;凡购买我社的图书,如有质量问题,请与当地图书销售部门联系调换。

前 言

近年来，随着新型基础设施建设的快速发展，城市轨道交通等市政工程（包括地铁隧道、车站及地下通道等）开发建设步伐不断加快，大量临近在役城市埋地管道的工程施工不断涌现。而爆破作为硬质岩体开挖建设的必要手段，在带来巨大效益的同时，爆破作业产生振动动力扰动效应往往会对临近埋地管道产生损伤破坏，对城区复杂环境中的工程安全高效建设及人民生命财产安全造成严重威胁。

现有《爆破安全规程》（GB 6722—2014）中规定了土坯房、民用建筑、商业建筑、隧洞、巷道等建构筑物的爆破振动安全允许标准，却缺少埋地管道的爆破振动安全允许标准。而地下管网作为城市的生命线，涉及输气、输水等方方面面，一旦受损破坏容易造成漏气、断水等灾害事故，严重影响人民生活生产安全，产生重大不良社会效应。同时由于规范中存在这一方面的缺失，也使得在临近管道岩体开挖爆破方案制定、爆破安全监理及爆破振动监测控制时缺少法律法规层面的指导，对安全、高效地进行爆破工程作业造成严重影响。为保证城区爆破施工过程临近管道的安全，分析爆破振动作用下管道动力失效机制，提出合理的埋地管道爆破振动安全控制标准，实现爆破振动有害效应控制是工程建设中的重点关注内容。

本书面向我国城区复杂环境爆破工程建设的迫切需求，针对城区埋地管道特点，为解决爆破施工过程临近埋地管道安全控制问题，采用理论分析、现场测试、数值模拟相结合的综合研究方法，以我国典型城区临近埋地管道（燃气管、污水管、给水管等）爆破工程为研究示范，开展城区临近埋地管道爆破振动控制研究，明晰爆破振动作用下典型管道结构动力响应特性，提出管道上方地表土体爆破振动安全控制标准，为量化评价爆破振动效应对临近埋地管道的影响，确保埋地管道安全稳定，提高城区临近管道开挖爆破施工效率提供理论依据及参考。

本书主要内容包括梳理归纳现有国内外爆破振动相关安全规范中的控制标准，并结合已有相关研究文献中所确定的安全振速进行了工程类比统计分析，提出临近管道爆破工程现场振动测试控制要点；在此基础上，针对我国典型城区临近埋地管道（燃气管、污水管、给水管等）爆破工程，开展了城区超浅埋地铁站通道下穿混凝土污水管爆破安全控制、城区地铁隧道下穿爆破给水管道安全控制、城区地铁隧道下穿燃气管道爆破影响分析、城区地铁竖井基坑爆破临近燃气管道安全评估、城区地铁联络通道爆破临近承插混凝土管道安全控制，一系列城区临近埋地管道爆破振动控制及工程应用示范研究。

  本书可供交通工程、市政工程、水利水电等系统的广大科技工作者、工程技术人员及土木工程、安全工程等学科领域的高等院校教师、研究生和高年级本科生参考使用。

  限于作者学术水平，书中难免存在不妥及错误之处，恳请读者批评指正。

蒋 楠

2022 年 10 月

目 录

第1章 绪论 ·· 1
  1.1 城区爆破工程建设背景 ·· 1
  1.2 埋地管道爆破安全控制意义 ··· 2
  1.3 国内外研究现状 ·· 4
    1.3.1 埋地管道爆破振动规律研究现状 ··· 4
    1.3.2 管道爆破动力响应特征研究现状 ··· 6
    1.3.3 管道结构动力失效机制研究现状 ··· 9
  1.4 现场振动测试控制要点 ··· 13
    1.4.1 埋地管道爆破振动现场监测 ·· 13
    1.4.2 管道振动监测控制要点 ·· 13

第2章 埋地管道爆破振动安全控制标准 ·· 17
  2.1 概述 ·· 17
  2.2 国内外规范要求控制标准 ·· 19
    2.2.1 国外规范要求 ··· 19
    2.2.2 国内规范要求 ··· 19
  2.3 工程实践参考类比 ··· 20
  2.4 本章小结 ··· 25

第3章 城区超浅埋地铁站通道下穿混凝土污水管爆破安全控制 ······················· 26
  3.1 概述 ·· 26
  3.2 下穿混凝土污水管爆破工程概况 ··· 27
  3.3 爆破动力计算数值建模及验证 ·· 28
    3.3.1 数值模型 ··· 28
    3.3.2 材料模型及参数 ·· 30

目 录

    3.3.3 数值模拟的可靠性分析 ··· 32
  3.4 超浅埋地铁站通道爆破开挖地表振动传播规律 ······················· 32
    3.4.1 沿通道开挖导洞轴线方向地表振动传播规律 ······················· 33
    3.4.2 垂直于通道开挖导洞轴线方向地表振动传播规律 ················· 36
  3.5 爆破振动作用下混凝土污水管动力响应特征 ···························· 38
    3.5.1 空管状态管道动力响应分析 ··· 38
    3.5.2 满水状态管道动力响应分析 ··· 39
  3.6 管道安全爆破振动速度控制阈值 ··· 40
    3.6.1 管道爆破振动速度安全判据分析 ······································· 40
    3.6.2 地表振动控制速度确定 ·· 41
  3.7 本章小结 ·· 42

第4章 城区地铁隧道下穿爆破给水管道安全控制 ···························· 44
  4.1 概述 ··· 44
  4.2 地铁隧道爆破工程概况 ·· 44
  4.3 显式动力数值模拟参数及验证 ·· 47
    4.3.1 模型尺寸及边界条件 ·· 47
    4.3.2 本构模型及计算参数 ·· 48
    4.3.3 现场振动监测及数值模拟可靠性分析 ································ 51
  4.4 给水管道动力响应特征 ·· 53
    4.4.1 空管状态下动力响应 ·· 53
    4.4.2 满水无压状态下动力响应 ··· 55
    4.4.3 0.2 MPa 内压管道动力响应 ··· 60
  4.5 爆破振动速度控制阈值 ·· 62
  4.6 本章小结 ·· 65

第5章 城区地铁隧道下穿燃气管道爆破影响分析 ···························· 66
  5.1 概述 ··· 66
  5.2 隧道爆破工程概况 ··· 67
  5.3 现场爆破振动测试及分析 ··· 70
    5.3.1 爆破振动监测结果及分析 ··· 71
    5.3.2 爆破振动衰减规律及预测模型 ··· 72

5.4 管道动力响应数值计算分析及验证 ·· 76
　　　　5.4.1 数值计算模型的建立 ··· 76
　　　　5.4.2 数值模型的可靠性验证 ·· 78
　　　　5.4.3 管道爆破动力响应特征 ·· 79
　　5.5 下穿隧道爆破振动作用对临近管道的影响分析 ···································· 80
　　　　5.5.1 爆破振动作用下管道上方表面土体振动响应特征 ························· 80
　　　　5.5.2 爆破振动作用下管道振动响应特征 ·· 82
　　　　5.5.3 爆破振动作用下管周土体振动响应特征 ······································ 84
　　5.6 爆破振动作用下管道爆破振动响应的预测公式 ···································· 87
　　5.7 本章小结 ·· 89

第6章 城区地铁竖井基坑爆破临近燃气管道安全评估 ·································· 91
　　6.1 概述 ·· 91
　　6.2 竖井基坑爆破工程概况 ··· 92
　　　　6.2.1 基坑工程简介 ·· 92
　　　　6.2.2 地质条件 ·· 93
　　　　6.2.3 爆破施工概况 ·· 94
　　6.3 现场爆破试验及振动测试分析 ·· 95
　　　　6.3.1 现场测试方案 ·· 95
　　　　6.3.2 测试结果分析 ·· 97
　　　　6.3.3 现场振动衰减规律预测 ··· 101
　　6.4 管道动力响应数值计算分析及验证 ·· 104
　　　　6.4.1 数值计算模型及参数 ·· 104
　　　　6.4.2 模型可靠性验证 ··· 107
　　6.5 管道动力响应特性及安全性评估 ·· 109
　　　　6.5.1 管道动力响应特征及衰减预测 ·· 109
　　　　6.5.2 不同运行压力管道响应 ··· 113
　　　　6.5.3 管道安全性评估 ··· 114
　　6.6 本章小结 ··· 116

第7章 城区地铁联络通道爆破临近承插混凝土管道安全控制 ······················ 118
　　7.1 爆破工程概况 ··· 118

目录

- 7.1.1 联络通道工程概况 ········· 118
- 7.1.2 总体爆破方案 ········· 119
- 7.2 数值模拟参数及验证 ········· 122
  - 7.2.1 模型尺寸及边界条件 ········· 122
  - 7.2.2 本构模型及计算参数 ········· 124
  - 7.2.3 数值模拟可靠性分析 ········· 126
- 7.3 联络通道施工过程管道动力响应分析 ········· 127
  - 7.3.1 整体管线动态响应特征 ········· 127
  - 7.3.2 管道承插式接口动力响应特征 ········· 131
  - 7.3.3 管体动力响应特征 ········· 135
- 7.4 承插式混凝土管道爆破振动安全控制 ········· 138
  - 7.4.1 地表振速与管道振速数学关系的确立 ········· 138
  - 7.4.2 基于承插式混凝土管道材料失效的振动速度安全控制标准 ········· 140
  - 7.4.3 基于承插式混凝土管道接口失效的振动速率安全控制标准 ········· 141
  - 7.4.4 管道安全控制现场效果检验 ········· 143
- 7.5 本章小结 ········· 143

参考文献 ········· 146

第1章 绪 论

1.1 城区爆破工程建设背景

随着我国城市化进程的不断加快，现有城市道路、交通、商民建筑等传统城市基础设施已不能满足城市居民日益增长的生产、生活需求，城市可用规划建设的资源日趋紧张。城市地下基础设施作为未来新兴城市功能区块划分中的重要组成部分，近年来受到广泛关注。城市轨道交通、地下综合商业体、综合管廊、地下交通枢纽等发展较成熟的城市基础设施工程正在有条不紊地规划与建设。截至2020年12月31日，我国已开通的城市轨道交通共有44个，运营里程达7545.5km（不含港、澳、台的数据）；预计2021年全国还将开通77条线路（包含延长线）（较2020年，2021年底共增加36条城市轨道运营线路），总里程超1600km，开通轨道交通车站超1000座①。随着大规模城市轨道交通等地下基础设施的开工建设，城市地铁隧道、深大基坑、过街通道等配套地下工程的建设需求不断增加。

城市地下空间工程地质条件多样、建设环境复杂，大量城区地下建设工程勘察揭露表明，城区下伏地质体主要可以分为岩体和土体两部分，即典型的上土下岩地层（以下简称城区土-岩地层）。上部土层主要为第四系填土、黏性土、粉土等软土地层，下部岩层为砂岩、灰岩等坚硬基岩层。城市地铁隧道、车站基坑等的建设往往会穿越上部深厚的土层，并深入坚硬的岩层。地下空间的开发建设不可避免地需要进行岩土体的破碎与开挖。岩石爆破是利用炸药药包爆炸产生的大量高温高压气体作用于药包周围的岩壁，形成拉压破坏应力场，当岩石的抗拉强度低于爆破产生的压应力在切向衍生的拉应力时岩体中会产生裂隙，从而达到岩体破碎目的的一种高效破岩方式。岩石爆破作为坚硬岩体开挖的重要手段，因经济、高效、适应性强等特点在地铁隧道、深大基坑等地下工程的建设中受到广泛应用。

根据建设需求，城区岩石爆破工程主要有隧道爆破工程、基坑爆破工程、孤石爆破工程等。其中，隧道爆破工程需要保证开挖轮廓完整光滑、开挖进尺合理、隧道开挖断面的

---

① 交通运输部《2020年城市轨道交通运营数据速报》。

稳定安全，爆破施工中主要采用"光面爆破""预裂爆破"等方法；基坑爆破工程往往开挖断面较大、开挖岩体不均匀，主要采用"浅孔爆破""台阶爆破"等方法进行（孙永等，2018；贾晓旭，2017；李子华等，2015；尹江健等，2011）。岩石的爆破开挖一般需要经历钻孔、装药、连线、起爆、清渣等流程，其中炸药的性质和爆破参数的设计是影响岩石爆破效果的重要因素。目前，城区爆破工程中主要使用的炸药是2号岩石乳化炸药，其具有密度高（一般密度可控制在 $1.05 \sim 1.25 \text{g/cm}^3$）、爆速大（爆速为 $3500 \sim 5000 \text{m/s}$）、猛度高、抗水性能好、临界直径小、起爆感度好等特点。炸药起爆后，在极短的时间内会造成炮孔周围岩体粉碎，粉碎区消耗大量炸药能量，表现出流体的性质，此后冲击波迅速衰减为应力波，导致裂纹进一步扩展贯通、完成岩体的破碎及抛掷，同时应力波也逐渐衰减为地震波。在爆破带来高效的破岩效率的同时，其产生的爆破地震、个别飞散物、空气冲击波、噪声、粉尘、有毒气体等会对周边建（构）筑物产生有害效应。其中，爆破地震影响范围最广、作用时间最长、破坏程度最大，使其成为爆破工程危害之首而受到广泛关注。

城区爆破开挖工程所处周边环境复杂、人员密集，地面现存建筑、交通干线、既有地下管线、构筑物等纵横交错，爆破区域紧邻重点建（构）筑物。爆破开挖产生地震波经岩土等介质作用于建（构）筑物上，使其产生不同的振动效应，当爆破振动超过结构的承受能力时就会造成损伤破坏，对城区爆破工程的安全高效建设及人民生命财产安全造成严重威胁。我国现有《爆破安全规程》（GB 6722—2014）中以质点振动频率和峰值速度作为结构的安全控制阈值，规定了民用商业建筑、隧洞、边坡等建构筑物的爆破振动安全允许标准。随着城市地下深部空间的不断开发建设，城区爆破工程会朝着建设条件更加复杂、保护对象更加多样、保护标准更加严苛的方向发展，在工程建设中提高岩石爆破的破岩效率，保证复杂环境中爆破施工临近建（构）物的安全，确立合理的爆破安全控制标准是城区爆破工程建设时需要重点关注的问题。

1.2 埋地管道爆破安全控制意义

埋地管道是埋置于一定土层深度、周围由土介质包裹的城市地下结构形式。因其成本低、建设快、运输量大等特点成为人类生产生活中水、油、气、电力等重要能源资源的主要运输方式。目前，根据埋地管道材料的类型，城市地下埋地管道的主要类型有球墨铸铁管道、铸铁管道、钢质管道、混凝土管道、聚乙烯（PE）管道、PVC管道和复合材料管道等。此外，还有一些近年来新兴的复合材料管道，如FRP管道等。当爆破开挖工程在城区土-岩地层中进行时，由炸药爆炸产生的能量经开挖岩层向远处的土层传播，引起土层及埋地结

1.2 埋地管道爆破安全控制意义

构的振动及相互作用，当爆破振动超过管-土结构的极限承受能力时就会造成破坏。

近年来，随着城市地下基础设施建设的大力发展与推进，现役埋地管道受爆破开挖工程影响而发生破坏的事件不断发生。例如，2010 年，深圳福田区地铁 2 号线隧道爆破施工造成隧道上方燃气管道接口松动泄漏，造成区域范围长时间断气检修［图 1.1（a）］；2013 年，广州荔湾区地铁 8 号线隧道爆破施工引起排污水管大面积渗漏，冲刷引起水土流失，造成严重的路面塌陷；2015 年，武汉地铁 2 号线宝通寺站过街通道爆破致临近输水管道管口断裂，造成居民区大范围无法正常供水；2020 年，广西南宁地铁 2 号线爆破施工引起主供水管道破裂，造成周边市场街道迅速被淹没［图 1.1（b）］。

（a）深圳地铁施工爆破临近燃气管道，2010　　（b）南宁地铁施工爆破临近输水管道，2020

图 1.1　埋地管道爆破振动破坏失效实例

地下管网作为城市的生命线，涉及输气、输水等方方面面，一旦受损破坏容易造成漏气、断水等灾害事故发生，严重影响人民生活、生产安全，产生重大不良社会效应。现有《爆破安全规程》（GB 6722—2014）中规定了民用商业建筑、隧洞、边坡等建（构）筑物的爆破振动安全允许标准，却缺少埋地管道的爆破振动安全允许标准。工程现场往往以工程类比经验值或专家推荐的地表控制值作为安全标准，但这些安全标准范围不一，缺少合理规范的依据。爆破相关规范中的这一缺失，使得在临近埋地管道开挖爆破方案的制定、爆破安全监测控制时缺少法律法规层面的指导，增加了爆破工程减振设计的盲目性。如果采取的爆破安全距离过小，装药量过大等就极可能引发工程事故；若采取的爆破方案过于保守，又不利于施工，无法发挥爆破的优势，直接影响爆破工程作业的经济性、安全性、高效性。此外，由于管道埋设于一定深度的土层中，采用地表质点峰值振动速度（可简称振速）作为控制标准还有待验证。因此，研究埋地管道临近爆破开挖振动效应，尤其是针对城区土-岩地层下穿隧道爆破作业过程产生的振动动力扰动效应，继而提出相应的爆破安全控制标准，是近年来管道工程、爆破工程等领域研究的热点问题。面对城区复杂环境

第 1 章 绪　　论

爆破工程建设的迫切需求，保证爆破施工过程埋地管道的结构安全，揭示爆破荷载影响下埋地管道结构的动力响应及失效机制，实现埋地管道振动效应有效控制，对城区复杂环境下的爆破开挖工程的安全、高效建设，对保证城市居民的生产、生活及生命财产的安全具有重要意义。

1.3　国内外研究现状

城区土-岩地层爆破作用下埋地管道振动效应是复杂工程地质环境下控制爆破研究领域的热点和重点问题之一，涉及工程地质学、爆炸力学、结构动力学等多个学科领域。要研究爆破影响下埋地管道振动效应，需在准确预测埋地管道爆破振动荷载特征及传播规律的基础上，明确爆破振动作用下埋地管道动力响应机制，研究爆破振动动力影响下管道结构失效准则，提出埋地管道爆破振动安全判据及地面控制阈值。

1.3.1　埋地管道爆破振动规律研究现状

炸药在岩体中爆炸时，大部分能量以波动形式向外传播，其中在爆炸近区（药包半径的 2~3 倍）范围内传播的是冲击波，在爆炸中区（药包半径的 15~150 倍）范围内传播的为应力波，应力波在岩石介质中传播时产生拉压破碎区，应力波由破碎区经过一定距离的传播后在远区衰减成爆破地震波（爆破振动波）而产生爆破振动。爆破振动区范围较广，作用时间长，因此爆破振动是爆破开挖工程的主要危害之一。城区埋地管道等浅表土层中的埋地结构处于爆破振动区域，主要受到爆破振动荷载的影响。因此，研究埋地管道爆破振动效应时，明晰影响管道范围内的爆破振动荷载特征，探究其在不同介质中的产生及衰减规律是此类研究的重要基础之一。

1. 爆破振动荷载特征

峰值振动速度、振动频率以及振动持续时间是爆破振动荷载的三大基本特性。相对于天然地震波，爆破地震波的特点主要表现为振源能量小、频率高、波长短、振幅大、振幅衰减快、振动持续时间短等（Agrawal et al., 2019；Nateghi et al., 2009；Siskind et al., 1980）。爆破振动波特性主要受到爆源特征（药量、装药结构、起爆方式）、传播介质、传播距离、地形地貌、场地条件等多种因素的影响。卢文波等（2013）指出爆破振动频率的衰减与爆腔的大小、爆心距、岩体纵波速度和品质因子等因素密切相关。Trivino 等（2019）引入对平均频率的分析以研究多种爆源在不同起爆条件下的能量和频率的变化规律。楼晓明等（2016）总结了不同微差时间下振动波传播规律及峰值速度、主频、频带能量、总能量等变化特征。周俊汝等（2014）指出爆破振动主频随爆心距的增大并非严格地衰减，在衰减过程中出现局部突变或者波动。地下浅埋爆破会在介质中传递4种波，即纵向压缩波（P波）、纵向稀疏波（N波）、剪切横波（S波）和瑞利表面波（R波）。压缩波传播得最快，稀疏波传播得较慢，横波传播得更慢一些，瑞利波传播得最慢，这4种波在传播过程中逐渐互相分开。在爆破的近区，以P波为主；在爆破的远区，则以R波为主。实际上地下爆破引起的地面振动过程是非常复杂的随机过程，它是不同幅值、不同频率与不同相位的体波和面波叠加而成的复合波。卢文波等（1997，2013）确定了爆破地震波P、S、R波在岩体中传播时的衰减参数计算方法。Lu等（2013）在薄层法的基础上提出了高阶薄层法，并计算分析了黏弹性波在成层介质中的传播特性。高启栋等（2019）针对一组垂直单孔爆破试验，借助地震学中极化偏振分析的方法对垂直爆破振动中波成分的演化特性进行分析，如图1.2所示。

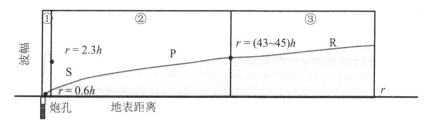

图1.2 各种爆破地震波影响区域的划分

图1.2中各区域表示的分别为S波、P波、R波随地表距离变化的幅值变化区域。

2. 爆破振动荷载传播规律

目前针对爆破振动荷载特性及传播规律的研究主要包含经验公式法、数据拟合法、波动法。大量的实测结果表明，反映爆破振动强度的诸物理量与炸药量、爆心距、岩土性质以及场地条件等因素密切相关。目前，一些国家在制定新的爆破振动安全判据时，普遍考虑了振速与频率的共同影响。除了对峰值振动速度（PPV）的衰减规律经验公式推导，还有学者对爆破振动频率预测及其回归分析。如表1.1所示是一些预测公式。

表1.1　　爆破振动衰减规律预测模型

提出者	PPV 经验公式	FD 经验公式	提出者
Duvall, Fogelson（1962）	$PPV = K\left(\dfrac{R}{\sqrt{Q_{max}}}\right)^{-b}$	$f = \dfrac{K}{R}\left(\dfrac{\sqrt[3]{Q}}{R}\right)^{\alpha}$	张立国等，2005

续表

提出者	PPV 经验公式	FD 经验公式	提出者
Ambraseys, Hendron (1968)	$PPV = K\left(\dfrac{R}{\sqrt[3]{Q_{max}}}\right)^{-b}$	$f = K\dfrac{PPV}{R}\left(\dfrac{\sqrt[3]{Q}}{R}\right)^{\alpha}$	高富强等, 2010
Sadovsky	$PPV = K\left(\dfrac{\sqrt[3]{Q_{max}}}{R}\right)^{b}$	$f = \dfrac{1/R}{a_1(\sqrt[3]{Q}/R) + a_2 R}$	孟海利等, 2009

随着计算能力迅速提高，越来越多的研究人员将重点放在使用智能系统而不是线性回归上来估计和预测 PPV，方法有人工神经网络（ANN）、BP 神经网络、遗传算法（Genetic Algorithm，GA）和支持向量机（SVM）等。Verma 等（2011）将传统的经验公式和人工神经网络相比，使用遗传算法估计爆炸引起的地面振动更有效和准确，GA 获得的平均错误绝对值为 0.088。Mohamadnejad 等（2012）采用了经验公式回归、通用回归神经网络以及支持向量机三种爆破振动预测方法对 Masjed-Soleiman 大坝峰值振速进行预测。

波动法即是利用波动理论和经验相结合的方式对波的传播规律进行描述。卢文波等（2002，2013）基于柱面波理论、长柱状装药中的子波理论以及短柱状药包激发的应力波场 Heelan 解的分析，推导了岩石爆破中质点峰值振动速度衰减公式与爆破振动的频谱表达式。徐全军等（2011）针对柱状源应力波场求解所存在的问题，提出采用 Laplace 变换和围道积分的方法，对耦合柱状装药激发的应力波场进行求解，得到近源场单个爆源的峰值位移衰减规律。

研究表明，埋地管道爆破振动效应与作用在管道及管周土之间的爆破振动荷载特征具有密切联系。但现阶段对于城区爆破工程及埋地管道所在的土-岩二元地层，以及管道周围土层介质中爆破振动荷载的振动特性、爆破振动波组成成分、振动能量的衰减规律等的研究较少，爆破振动荷载在不同管道结构上及管-土组合体系之间的传播及衰减特征还不明晰。此外，针对管道埋设的浅表土层（埋深 1~5m）的不同性质以及地表自由面的全反射等地质、地形因素对岩石爆破振动荷载在管道及土层之间的传播及衰减规律的影响，还缺少相应的理论支撑和解析手段。

1.3.2 管道爆破动力响应特征研究现状

城区内埋地管道作为置于一定土层深度、周围由土介质包裹的地下结构形式，在爆破施工过程产生的爆破振动荷载扰动效应作用下，其结构动力响应往往受覆土条件（土介质）的影响。为揭示埋地管道爆破振动影响机制，前提需在考虑埋地管道覆土条件的基础上明晰爆破振动作用下埋地管道动力响应特性，分析爆破振动扰动作用下管道结构应力、变形、振动参量特征及其变化规律。针对此方面的研究中，目前相关学者主要通过现场测试、室内外试验和数值模拟的方法开展相关工作。

1. 现场测试

在现场测试方面，现有研究多依托实际临近管道的爆破工程，以管道结构为监测对象分析其动力响应特性。由于现场工程管道埋置于土层中，且处于运行服役状态，不便于对现场管道土层进行开挖监测，因此现场常用的监测手段是对管道临近或地表土层的振动或管道运行压力进行间接监测，常使用的监测仪器有爆破测振仪等。根据现场监测数据，通过相应的数学统计或经验公式对管道动力响应进行研究分析是现场监测常用的研究手段。Siskind（1994）对焊接钢管和 PVC 水管进行了现场振动、应变和压力监测，确定了煤矿覆盖层爆破对附近管道的影响。Provatidis 等（2000）研究地表爆炸作用下埋地管道的动力响应特征。唐润婷等（2011）、姜锐（2017）基于张石高速公路桥梁桩基爆破工程，现场测试分析了爆破振动波的传播规律及其对临近埋地天然气管线安全的影响。管晓明等（2017）、张良（2019）通过针对隧道超小净距下穿深埋供水管线实际爆破工程的现场振动测试，研究了爆破开挖对临近供水管道、马蹄形管道的影响。陈宏涛等（2020）对南宁市水利枢纽疏浚爆破时临近燃气管道振动进行监测，利用线性与非线性回归方法分析了管道振动的衰减规律。Jiang 等（2020）针对武汉地铁 8 号线现场爆破施工进行振动监测，并分析了临近埋地输气管道的响应特性。Guan 等（2020）通过对管道进行现场振动监测，分析了隧道爆破开挖过程中三种截面管道结构的振动响应特征，得到管道振动特征。

结合实际工程现场测试开展的管道结构爆破动力响应特性测试，可以得到一手的现场测试数据，是工程现场最直接、便捷的研究手段，得到的相关成果可为现场管道结构安全评价提供指导，是管道爆破振动效应科学研究不可或缺的重要部分。但工程现场监测也往往受到管道埋设地层条件、管道结构本身的影响而呈现出其独特性，相关测试研究成果普适性不强。

2. 室内外实验

进行相应比例尺的室内外实验是工程科学研究的重要研究手段，研究需要合理地设计埋地管道临近爆破振动实验，利用多种监测手段对爆破振动作用下埋地管道及临近土层的宏观变形过程、振动规律、应力应变、位移变化、压力变化、能量传递过程等进行全面的动态监测，根据研究需要可以改变爆破振动荷载条件、管道埋置土层、管道结构、运行条件等影响因素。常用的实验测试系统及仪器有爆破振动测试系统、应变测试系统、土压力测试系统等。Scott 等（2002）通过两次全尺寸控制爆破试验以评价爆破荷载作用对受侧向扩展作用的桩和管道的性能的影响。张黎明等（2015，2017）、张紫剑等（2016）利用爆破振动及静态应变测试系统进行全尺寸现场爆破试验，对不同爆心距、不同最大单段装药量时埋地钢管管道地表振动峰值速度、管道轴向、环向应变等动力响应特性进行分析。钟冬望、黄雄等（2018）、Zhong 等（2019）、Qu 等（2021）通过改变药量、爆心距、管道内压以及爆源埋深中某一参数，对不同尺寸埋地无缝钢管以及 PE 管道进行了 1∶1 现场爆破实验，研究了各因素对钢管和 PE 管道的爆破振动响应的影响。朱斌等（2019）、夏宇磬等（2019）通过现场预埋多管节全尺寸混凝土管道和球墨铸铁管道的爆破试验，结合动态应变及爆破振动等测试系统分析了爆破振动作用下承插式混凝土管道以及球墨铸铁管道的动力响应特征。张玉琦等（2020）通过全尺度预埋高密度聚乙烯（HDPE）管道现场爆破试验，分析不同工况条件下无压状态管道爆破振动速度及动应变分布特征。

室内外临近管道的爆破试验对于分析爆破振动作用下管道动力响应是重要的有效手段，但为充分模拟实际管道结构特点，试验开展过程中仍需对不同爆破振动荷载的合理模拟、管道接口组合形式、运营状态及覆土条件多加重点考虑，同时这也是室外爆破试验的难点。

3. 数值模拟

随着计算机技术的发展，数值模拟手段在埋地管道爆破振动效应的研究中得到了广泛应用。数值模拟手段可以利用相应的数值软件，依据现场工程建立数值计算模型，对不可开挖的现场管道进行全面的研究，亦可通过室内外实验建立基于实验测试的数值模型，进行大量的不同工况条件的模拟计算，得到具有普适意义的研究结果。因此，数值模拟手段可以很好地弥补现场监测和室内外实验的不足。目前常用于管道爆破振动计算的数值模拟软件 ANSYS/LS-DYNA、ANSYS/AUTODYN、ABAQUS、FLAC 等。Olarewaju 等（2010）通过对已有研究的综述推荐采用动力有限元的方法计算爆破荷载引起的埋地管道响应。Monti 等（2011）利用 LS-DYNA 研究了水下爆破情况下海底管道的振动效应并对其完整性进行了分析评估。Mokhtari（2015）等结合三维有限元软件和 CEL 方法对 X65 钢管的不同结构参数在其受爆破冲击荷载作用下动力响应的影响进行了研究。郑爽英和邹新宽（2015）、刘学通（2015）、舒懿东（2017）结合下穿埋地石油管道的隧道爆破工程，利用有限元软件 LS-DYNA 分析不同隧道埋深、管道直径与管道壁厚、不同管道内压、不同管土之间摩擦系数等条件下爆破振动引起的埋地天然气管道的应力分布状态。Giannaros 等（2016）通过动力有限元 LS-DYNA 的方法分析了复合管道及混凝土管道爆破振动响应。Song 等（2016）通过数值模拟研究了炸药质量、炸药与管道接触面积以及管道壁厚等因素对管道受爆破作用的影响。张震等（2017）利用数值模拟计算了爆破振动作用下空管、满水状态下混凝土污水管道的响应状态。Jiang 等（2018，2019）根据现场监测数据，建立三维数值模型，分析探讨了管道和管道周围土体的振动效应。Xia 等（2019）利用动力有限元数值计算方法评估了钢筋混凝土管道在无压力满水状态和正常工作状态时爆破振动效应对其的影响，发现无压及运营状态的管道动力响应存在较大差异性。Zhang 等（2020）通过动力有限元 ANSYS/LS-DYNA 数值计算的方法分析多重反复爆炸荷载下埋地钢管的屈曲破坏响应。朱斌等（2020）依托武汉地铁 8 号线二期竖井基坑爆破开挖工程，利用数值计算分析了不同运行压力条件下埋地燃气管道的动力响应特性。高文乐等（2021）采用多物质流固耦合算法模拟爆破过程，对埋地管道在爆破作用下不同方向的受力过程进行分析。

相对于室外试验的方法，数值模拟方法在经济和效率上更具优势，动力有限元的数值计算方法可为爆破振动作用下管道动力响应研究提供重要手段。但数值计算实际分析过程中，管道与土体的相互接触及相关计算参数的合理性仍需要得到有效验证，相关管-土接触模型及动力荷载传递力学模型在数值模拟手段中还缺少比较适用的本构模型。

1.3.3 管道结构动力失效机制研究现状

实际工程中，管道结构及其零部件失去原有设计所规定的功能，称之为管道失效，其中包括：①完全丧失原定功能；②功能降低和有严重损伤或隐患，继续使用会失去可靠性及安全性。爆破振动扰动影响下埋地管道及周围覆土会产生相应的位移、应力和应变等响应，造成管道结构的拉伸、断裂和弯曲等损伤破坏，进而产生管道失效行为。为研究爆破振动影响下管道结构失效机制，需明晰爆破振动作用下管道动力失效模式，建立爆破振动作用下管道主控失效准则。

1. 管道动力失效特征

根据爆破振动作用下埋地管道的结构特征、材料特性以及管道接口形式的不同，管道的响应规律会有所不同，继而导致管道在受到极限荷载时产生的振动失效形式也会不同。因此，相关学者基于爆破振动作用下不同特点的管道的动力响应特性，对多种类型及结构特点的管道的失效模式和失效特征进行探讨，表1.2是关于埋地管道结构形式及对应的管身及管道的常见失效形式的统计。

表1.2　　常见管道类型、界面形式及可能的失效模式

管道类型	用途	管体失效模型	提出者	接口形式	接口失效模式	提出者
混凝土管道	输水	弯曲变形	王海波等，1987	承插	转角失效	夏宇磐等，2019
		拉伸变形	Guan et al.，2020			
铸铁管道	输水，输气	轴向拉伸	朱斌等，2019	承插	破裂、松动失效	Nourzadeh et al.，2010
		弯曲变形		焊接	破裂失效	Bertini et al.，2016
聚乙烯管道	输水、输气	拉伸变形	Won et al.，2014	热熔	拉伸变形失效	Lai et al.，2016
		弯曲变形	张玉琦等，2020			

续表

管道类型	用途	管体失效模型	提出者	接口形式	接口失效模式	提出者
钢管	输水、输气		Parviz, 2017	插接	拉伸极限失效	Das et al., 2016
		拉伸变形	Xu et al., 2013	法兰	轴向拉伸失效	Li, 2021
		部分撕裂	王海涛等, 2018	焊接	撕裂破坏失效	Meneghetti, 2016

Mizuno 等（1974）用正弦振动激励具有机械连接的机械铸铁管，研究认为管道主要产生接口位移以及管应变。王海波等（2018）研究爆破施工作业对地下钢制管线的影响，认为管线及其周围介质变形导致轴线弯曲变形破坏。王世圣等（2000）建立低合金高强度结构钢管线在爆破冲击动载作用下的损伤和破坏模型，表明临近爆破的地下管线可能受到冲击作用发生局部撕裂破坏。Nourzadeh 等（2010）通过分析爆炸作用下连续埋地管道的横向振动特性，提出管体受屈服极限的应变控制，接头处先行出现破裂失效。Xu 等（2013）结合数值计算方法分析爆炸地振动力下地下管道的变形，结果表明管道上的应力是瞬时的，埋在地下的管道因反爆炸中心轴向上的瞬时拉应力而破坏。Won 等（2014）针对爆破振动作用下的钢管和高密度聚乙烯管，基于应力分布应一致的前提由径向应变和环向应变来明确定义和验证管道失效方式。Parviz 等（2019）研究发现管道压力与土体的密度有关，土体密度的增大导致了管道压力和主应力的增大。王海涛等（2018）考虑多种因素的影响，认为在爆破荷载作用下 C30 混凝土管道主要发生轴向的拉、压变形和横向的弯曲变形，这两种变形都产生轴向的拉、压应力。夏宇磬等（2019）研究发现承插式混凝土管道受爆破振动荷载作用时拉应力大于裂缝抗裂强度时，管道即发生扩展，进而失效破坏。Guan 等（2020）通过对隧道爆破作用下圆形、正方形和马蹄形管道数值计算分析，提出管线将产生拉应力破坏。Zhu 等（2021）通过分析爆破振动影响下不同腐蚀程度埋地管道应力集中现象，得到不同腐蚀情况下内压管道的失效模式。

受管道土层性质、管道结构材质（如钢制、铸铁管、混凝土管等）、管道接口及运营状态等因素影响，爆破振动作用下管道失效模式及失效特征存在较大差异，现较少有对考虑管周土层性质与管道的失效形式的关系的研究，针对含接口管道的不同接口形式的动力响应特征及失效模式也缺少准确的研究，且对于含接口的长输管道，对于在管身与管道接口的失效模式之间的差异与联系的研究较少。此外，针对不同运营状态、不同输送介质的管道所产生的荷载与爆破振动荷载作用耦合影响下管道的动力响应及失效模式研究较少。

2. 管道动力失效准则

管道动力响应是管道爆破振动作用下表现的宏观规律，管道在爆破振动作用下的失效模式是超出管道极限承受能力之后管道表现的结果，而管道失效破坏准则是判定管道以及限制管道破坏失效结果的底线。研究爆破振动作用下管道的失效破坏准则是建立管道安全控制方法及控制标准的关键内容。根据管道材料、结构形式的不同，目前相关学者主要采用结构反应位移失效、极限强度失效、反应应变失效等失效准则对爆破振动作用下管道失效予以判别，部分失效判别准则如表1.3所示。

表1.3 管道失效模型及判定标准

失效模型	标准类型	公式形式	运用管道类型	提出者
结构响应位移失效	接口转角位移	$\theta = 0.6e^{0.18v}$	承插式混凝土管道	夏宇磬等，2019
	沉降位移	$\omega_{d,\max} \leq 0.05 D_0$	聚乙烯管道	张玉琦等，2020
极限强度失效	屈服强度	$s_y = (V_o + 1.4)\dfrac{100000 \cdot V_o \eta_d f_p i}{c_s} + 1.32 \dfrac{P \cdot D}{2 \cdot t}$	混凝土管体	Rigas，2020
	组合强度	$\begin{cases} \sigma_a = \dfrac{\sigma_\theta}{1 + \dfrac{r_o^2}{r^2}} \\ \sigma_r = \dfrac{\sigma_\theta \left(1 - \dfrac{r_o^2}{r^2}\right)}{1 + \dfrac{r_o^2}{r^2}} \end{cases}$	HDPE管道	张玉琦等，2020
		$\begin{cases} \sigma_n = \dfrac{Pd}{2\delta} \\ \sigma_a = E\alpha(t_0 - t_1) + \mu\sigma_n \\ \sigma = \sigma_n - \sigma_a \leq [\sigma] = 0.9\sigma_s \end{cases}$	球墨铸铁管道、钢管	张忠超，2017
		$\begin{cases} \sigma_{cir} = \dfrac{695.7\sqrt{E_p Q_w}}{\sqrt{\delta} R_b^{2.5}} \leq 18.4\text{MPa} \\ \sigma_{long} = 0.017\sigma_{cir}^{1.304} - \sigma_{cir} \end{cases}$	钢管	Esparza et al.，1981
	极限强度	$\sigma_e = 4.91v_r + 21.72d + 48.05P - 131.5$	球墨铸铁管道	Zhu et al.，2021
		$\begin{cases} \sigma = 12.6Q + 1.5 \\ \sigma < 0.9\sigma_s \end{cases}$	钢管	Tang, et al.，2020

续表

失效模型	标准类型	公式形式	运用管道类型	提出者
响应应变失效	组合应变	$\begin{cases} \varepsilon = \varepsilon_{max} + \varepsilon_L \leq [\varepsilon_t]_v \\ \varepsilon_L = \dfrac{\mu pd}{2\delta E} + \alpha(t_1 - t_2) \end{cases}$	钢管,球墨铸铁管	朱斌等,2019 张黎明等,2017
响应应变失效	单应变	$\begin{cases} (Q^{1/3}/R)^\alpha \leq \dfrac{2C[\varepsilon_t]_v}{K} + \dfrac{2Cpd}{KE\delta}, \ \varepsilon > 0 \\ (Q^{1/3}/R)^\alpha \leq \dfrac{2C[\varepsilon_c]_v}{K} + \dfrac{2Cpd}{KE\delta}, \ \varepsilon < 0 \end{cases}$	钢管	王树江,2020
响应应变失效	单应变	$\varepsilon_{max} = \dfrac{\sqrt{2}}{8\pi} \dfrac{l_{aff} \cdot P_S}{E^{3/4} \cdot t^{3/4} \cdot k_f^{1/4} \cdot R^{1/2}}$	钢管	Nourzadeh et al.,2015
响应应变失效	单应变	$\varepsilon_{max} = \dfrac{v_{max}}{c}$	钢管	Dowding,1985
响应应变失效	极限应变	$\begin{cases} \varepsilon_{vM} = \dfrac{1}{1+v_l}\sqrt{\varepsilon_\alpha^2 + \varepsilon_h^2 - \varepsilon_x\varepsilon_h + \dfrac{3}{4}\gamma^2} \\ \varepsilon_{1,3} = \dfrac{\varepsilon_\alpha + \varepsilon_h}{2} \pm \sqrt{\left(\dfrac{\varepsilon_\alpha - \varepsilon_h}{2}\right)^2 + \left(\dfrac{\gamma}{2}\right)^2} \end{cases}$	钢管	Kouretzis et al.,2007

李又绿等(2009)针对 X70 级钢管的屈服特征中的弹性斜率准则来评估输气管道安全性及破坏模式。郑爽英等(2017)认为输油管道除了受到工作压力和温差引起的静应力外,若受到爆破振动引起的动应力作用,管道在动静应力共同作用下超过其极限强度而发生失效。张忠超(2017)认为在爆破作用下管线处于三向应力状态,应采用相应的 Tresca 以及 Von-Mises 屈服强度条件进行判断其安全状态。Kouretzis 等(2007)利用瑞利波传播,研究认为应考虑用轴向应变作为管道验证的标准。薛倩等(2013)通过确定地下管线截面最大应变,并与材料的容许应变进行比较来判断管道的安全性。Su 等(2011)、朱斌等(2019)则以理论计算的管道组合允许应变解析结果作为判别管道失效的依据。此外,王树江等(2020)认为岩土体与管道的失效形式不同,分别基于材料强度准则与拉压应变公式建立了管-土耦合模型的失效判据。Tang 等(2020)、Rigas(2020)估算燃气管道与爆炸源之间安全距离时,分别提出了燃气管道应力屈服强度及环向纵向应变失效准则。

目前,关于管道的失效准则的探讨已经涉及位移、应力、应变等方面的失效判别,但是由于爆破振动荷载的瞬时性,管道结构的复杂多样,采用单一的失效准则无法针对实际多种工况条件下的管道,而不能提出具有普遍适用性的准则。同时,针对目前适用的高强度复合新材料的管道类型的失效准则研究较少。此外,考虑管-土相互作用,利用数值模拟技术将管道失效模型涉及的本构模型进行数值化的嵌入研究还有待深入进行,目前仅停留在现有的商业软件所提供的接触及材料失效本构模型。

1.4 现场振动测试控制要点

爆破振动效应是爆破的五大公害之首，基坑及隧道设计范围内的岩体爆破后，其爆破应力波会对周边岩土体以及建筑物造成一定的安全隐患。基于上述原因，为防止爆破振动对周边建（构）筑物等造成破坏，以确保爆破施工安全，爆破施工时需要根据相关建（构）筑物的保护标准进行现场爆破振动监测，根据监测结果判断结构的安全性，及时调整完善爆破方案、优化爆破参数，进行信息化施工以准确控制爆破振动效应。爆破振动监测是保证现场爆破施工安全、提高爆破施工效率的有效手段，成为复杂环境条件下爆破施工的必需环节。

1.4.1 埋地管道爆破振动现场监测

大量城区复杂环境埋地管道爆破工程建设实际表明，埋地管道作为城区爆破工程建设的重点保护对象之一，其工程现场的安全控制与评价极为重要，埋地管道的爆破振动安全需要依托现场爆破振动监测数据进行综合评价。一个完整的现场爆破工程监测一般经历场地被保护结构调查、测试系统的选取与使用、测点布置与设计、仪器调试与连接、现场监测与数据采集、数据处理及安全评价、爆破参数优化与设计等步骤。由于埋地管道的特殊性，埋地管道周边工程现场的爆破振动监测一般按照以下步骤进行，如图1.3所示。

1.4.2 管道振动监测控制要点

1. 被保护管道结构特征及测点布设

相比于地表房屋等建筑的爆破振动监测，由于埋地管道埋置于地下、结构形式多样、运行状态不一，因此，工程现场在进行埋地管道的爆破振动监测时往往面临被保护对象如何选取问题。大量工程实践调查表明，城区埋地管道一般埋置于地下1~3m深的土层中；根据管道使用的材料类型，大致将埋地管道分为混凝管道、钢制管道、铸铁管道、聚乙烯管道；根据运输内容物，可以分为燃气管道、输水管道、电力管道、热力管道等。上述管道往往具有多种连接形式，如承插式接口、法兰接口、热熔接口等是管道整体较为薄弱之处。根据材料强度准则，聚乙烯管道等柔性管道具有较强的抗震特性，钢制管道、铸铁管道等的强度均大于混凝土管道。根据破坏后的危险程度，燃气管道在产生破坏后极易发生二次破坏，水利管道在发生破坏后造成周边水土流失、塌陷等。根据接口失效形式，承插

第 1 章 绪　　论

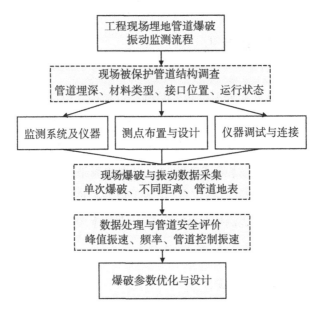

图 1.3　埋地管道工程现场振动监测

式接口相较于法兰接口更易产生破坏等。

在进行现场埋地管道监测对象及测点位置的选取时，往往需要利用现场考察资料或开挖沟槽揭露，对现场埋地管道与爆源的空间位置、管道埋置深度、管道类型以及管道接口的位置等进行充分调研，考虑测点布置高效、经济的原则，根据最不利原则选取最危险的被保护管道的重点部位作为重点监测对象。此外，在爆破工程建设时埋地管道常处于运行状态，考虑到开挖揭露对管道本身的影响，在进行爆破振动监测时现场工程常采用测试管道临近地表土体的振动数据作为表征管道的振动特征，一般根据爆破区域管道的影响范围，沿管道轴线方向的正上方地表布置爆破振动监测点，其中在管道接口、易损等部位的地表需要重点布设监测点。此外，有条件的亦可实时监测爆破开挖过后的管道运营状态。现场工程中对埋地管道的测点布设示意如图 1.4 所示。

2. 监测系统及仪器

爆破诱发的地震波是一种瞬态波，其作用特点和影响程度与爆破振动强度及受振结构的抗震能力密切相关。国内外大量的工程实践及监测成果表明，质点振动速度与爆破振动影响效应有相对较好的对应关系，随距离的变化也较有规律。特别是大量的工程实践经验和理论研究成果，已经形成一系列有实用价值的建筑物爆破质点振动速度安全控制指标，同时也发展成熟了一整套便于现场操作和数据处理分析的观测方法与仪器系

1.4 现场振动测试控制要点

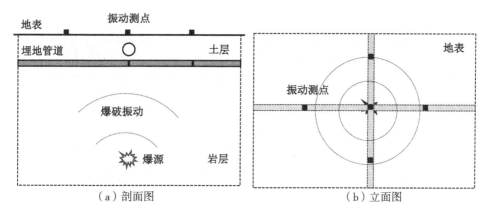

图 1.4 埋地管道爆破振动监测示意图

统，为利用质点振动速度进行爆破振动观测和控制提供了有利条件。我国的《爆破安全规程》（GB 6722—2014）规定了爆破振动判据为振速和频率两项物理量，因为幅值和频率是描述振动效应的最基本的物理量，振速可以代表振动幅值，而频率则是被保护物对振动的反应。

为获取爆破工程作业过程中对埋地管道的影响情况，采用质点振动速度作为爆破动力响应测试量。同时对获取波形进行频谱分析，以获取主振频率，最终以频率和振动速度两个指标评估爆破振动对施工场地周边建（构）筑物的影响程度。现场工程建设中常常选用 TC-4850 爆破振动记录仪系统进行质点爆破振动数据测试。TC-4850 爆破测振仪是一款专为工程爆破设计的便携式振动监测仪；仪器体积小、重量轻、耐压抗击、可靠易用，配接相应的传感器能完成加速度、速度、位移、压力、温度、湿度等动态过程的监测、记录、报警和分析；广泛应用于工程爆破环境安全评估、爆破振动监测、爆破施工监理、机械振动和运输振动安全监测、教学科研分析等领域，如图 1.5 所示。

爆破振动监测过程中，测点布置于受保护建筑物的基础附近。为得到可靠的测点爆破地震记录，安装时对传感器安装部位的岩石介质或基础表面进行清理、清洗，采用高强速凝石膏使速度传感器与被测目标的表面形成刚性连接。观测内容为水平向和竖直向三矢量振动速度。

3. 现场测试与数据分析

为得到可靠的测点爆破振动记录，拾振器（振动传感器）必须与测点表面牢固连接。传感器定位前，首先应清楚测点布置，找出合适的布置面，再用高强度胶合剂将拾振器固结在监测对象上。同时为保护拾振器免遭冲砸，测试时，用沙袋或石块等物做适当遮挡。

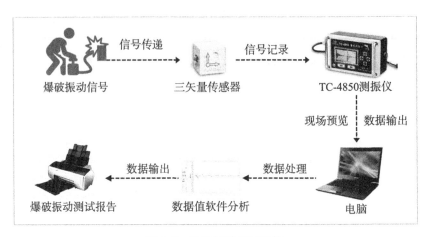

图 1.5 爆破振动测试系统

爆破振动测试采用的方法是电测法，利用电子仪器进行测量时，会受到多种干扰信号的影响，而给测量结果造成较大误差，严重时，甚至使信号完全失真。因而监测时需要预防机械干扰、热干扰、湿度干扰、电磁干扰等。

根据每次爆破振动监测传感器中获取的测试参数，采用测试系统配带的软件分析系统，进行相关数据分析与处理，以得到管道上方地表及管道的爆破振动衰减规律及特征，对爆破参数进行优化评价。根据现场测试数据，埋地管道临近爆破振动的主要分析内容包括以下四项：

(1) 爆破振动强度曲线时域特征分析。通过系统专用软件，分析爆破振动曲线时域特征，获取爆破振动强度的最大值。

(2) 测点振动时域曲线的频谱分析。对典型测点所记录的时域波形进行 FFT 分析，分析其频率组成，研究该频率与边坡结构自振频率的关系，进行爆破振动规律的统计分析。

(3) 测点振动衰减规律预测分析。在爆源与管道各测点间建立爆破振动传播规律测线，通过爆破振动测试，获取各测点的振动速度。通过多元回归分析，建立振动参数与药量之间的相关关系，用于预测后续爆破振动速度或加速度。

(4) 埋地管道安全评价与爆破参数优化。根据工程选取的埋地管道安全控制振速或管道材料强度特征，根据波动理论及失效准则对埋地管道的安全性进行评价；根据现场监测数据拟合的质点振动衰减规律，反分析爆破规模与爆破参数，根据公式预测的数据对爆破参数进行进一步优化，指导爆破施工安全高效进行。

第 2 章　埋地管道爆破振动安全控制标准

2.1　概述

炸药爆炸产生的能量一部分用以破碎目标岩体达到爆破开挖的目的，但大部分爆破能量经过岩土介质以地震波的形式向远处传播。爆破振动是爆破施工中产生的主要有害效应。随着爆破工程建设环境越来越复杂，保护周边建（构）筑物的要求越来越高，在进行爆破施工时，发挥爆破的最大优势，提高施工效率，制定合理的爆破振动控制标准受到研究者的普遍关注。目前，关于爆破振动影响的安全控制标准大致可以分为以下几类：质点振动速度单因素判据、振速-频率双因素判据、振速-频率-持续时间多因素判据等。由于各行业中爆破作业方式不同，工程所处的环境不同，以及周边待保护建筑的保护要求不同，故各行业所提出的爆破振动安全判据也大不相同。

早期的研究中单独采用爆破振动强度作为描述结构受振动的安全判据，介质质点各物理量的峰值是表征振动强度的评判指标。质点的振动峰值、峰值加速度可以直接反映振动惯性力的变化规律，质点的峰值振动速度与结构中的应力和动能密度有密切关系，可以直接反映结构的破坏程度（David，2010；Xu et al.，2007）。随着爆破理论研究和爆破工程技术的发展，国内外学者也逐渐重视爆破振动频率对结构动力响应的影响。当爆破地震波中的卓越频率带与受振结构的自振频率相当时，建（构）筑物会受到意想不到的破坏，例如，当振动速度确实在安全允许振动速度范围之内，但建筑结构依然产生损伤。爆破安全允许标准只是一个最基本的要求，但并不能完全满足各不同受振结构的不同保护要求。并且控制标准中的公式是基于大量的统计数据得来的，并未考虑结构个体的差异，如新旧损伤、基础特性、抗震等级、安全储备等不同，其动力响应也不同。虽然对爆破振动频率有所考虑，但依然未能体现爆破持续时间的影响。

我国于 2015 年颁布了现行《爆破安全规程》（GB 6722—2014），其中规定了民用商业建筑、隧洞、边坡等建（构）筑物的爆破振动安全允许标准。在制定安全允许振速时考虑了质点峰值振速和地震波主振频率的双重影响因素，并且将频率分成不同的频带，给出了不同频率范围的振速标准，具体规定如表2.1所示。

表2.1　　　　　　　　爆破振动安全允许标准（GB 6722—2014）

保护对象类别	安全允许质点振动速度（cm/s）		
	$f \leqslant 10Hz$	$10Hz < f \leqslant 50Hz$	$f > 50Hz$
土窑洞、土坯房、毛石房屋	0.15~0.45	0.45~0.9	0.9~1.5
一般民用建筑物	1.5~2.0	2.0~2.5	2.5~3.0
工业和商业建筑物	2.5~3.5	3.5~4.5	4.5~5.0
一般古建筑与古迹	0.1~0.2	0.2~0.3	0.3~0.5
运行中的水电站及发电厂中心控制室设备	0.5~0.6	0.6~0.7	0.7~0.9
水工隧道	7~8	8~10	10~15
交通隧道	10~12	12~15	15~20
矿山巷道	15~18	18~25	20~30
永久性岩石高边坡	5~9	8~12	10~15
龄期：初凝~3天	1.5~2.0	2.0~2.5	2.5~3.0
龄期：3~7天	3.0~4.0	4.0~5.0	5.0~7.0
龄期：7~28天	7.0~8.0	8.0~10.0	10.0~12.0

上述标准中虽然涵盖了大部分主要城区被保护对象，但随着城区爆破工程建设的不断发展变化，城区土-岩地层的爆破开挖工程往往面临多种临近建（构）筑物的保护需求，一些规范中并未涉及的城区主要建（构）筑物的爆破工程安全保护问题不断出现，如埋地管道、城市高架桥、地下桩基础等结构。其中，埋地管道由于分布广泛、使用类型多样、处于爆破工程上部或者临近的浅埋土层中，而往往受爆破开挖影响较大，因此埋地管道的爆破振动安全保护问题日益凸显。相关规范中关于埋地管道控制标准的缺失使得大多数临近管道的爆破工程在进行振动监测与安全控制标准的选取时方法不一、大小不一，在爆破工程的建设中不具有普适性。因此，面对这一迫切需求，在研究临近爆破的埋地管道的动力响应特征，分析其失效机制的前提下，找到合适的安全判据，提出适用于现场爆破工程建设的埋地管道爆破振动安全控制标准，这对于指导现场爆破施工，保护城市管道的安全运行具有重要意义。

目前，国内外研究人员通过相关规范、理论推导、工程实践、基础实验等方法间接或直接地确立埋地管道爆破振动安全控制标准。

本章通过对现有国内外埋地管道安全控制标准进行梳理分析，研究埋地管道安全控制振速的发展现状及分布规律，分析现有安全控制标准的不足之处，为后续进一步研究提供改进方向。

2.2 国内外规范要求控制标准

2.2.1 国外规范要求

目前，英国、德国、美国等发达国家同时考虑质点振动速度和爆破振动频率两个因素，制定了基于频率、振速双因素的爆破振动安全判据。根据各国研究的保护对象的不同，标准中涉及的建（构）筑物也不尽相同，但纵观各国的控制标准，对于城区复杂环境条件下的埋地管道的爆破振动安全控制涉及较少，这对于我国的爆破工程建设缺乏参考性。例如，德国标准（DIN4150-3-1999）中根据地下管线不同的材料制定了埋地管线短期的振动标准，标准中规定爆破冲击作用下钢材质管线的振速不可超过10cm/s，混凝土、铁铸材质管线的振速不可超过8cm/s，砖混、塑胶材质管线的振速不可超过5cm/s。瑞士标准（SN640312.1992）中依据不同建筑的类型，将质点的振动峰值作为控制指标，明确提出非埋设埋地管线的振速为8~25cm/s。美国土木工程师协会的美国生命线联盟发布了《埋地钢管设计指南》（*Guidelines for the Design of Buried Steel Pipe*，2001），研究了由于采矿或附近建筑活动引起的临近爆破所产生的管道应力，给出峰值颗粒速度和峰值管道应力的表达式，但其并未提出管道的控制振速。

2.2.2 国内规范要求

我国《爆破安全规程》（GB 6722—2014）中将频率、振速双因素作为爆破振动安全判据。但此规范中并没有明确规定埋地管道的安全判据，工程中没有固定标准，通常都是与管道企业协商决定。例如，《油气管道地质灾害风险管理技术规范》（SY/T 6828—2017）第7.1.4.5条规定，在管道附近采用控制爆破或机械振动施工时，采取减震沟减震后，形成的振动波到达管道处的最大爆破振动速度不得超过7cm/s。中国石油天然气集团公司企业标准《油气管道并行敷设技术规范》（Q/SY 1358—2010）中也规定爆破形成的振动波到达在役管道处的最大垂直振动速度不应超过10cm/s。此外，在工程实践中，有部分研究人员采用管道抗震设计规范中的标准进行间接取值。我国《室外给水排水和燃气热力工程抗震设计规范》（GB 50032—2003）中规定抗震设防烈度为6度及高于6度地区的室外给水、排水和燃气、热力工程设施，必须进行抗震设计；参考《中国地震烈度表》（GB/T 17742—2020），5度地震烈度的地面峰值速度为0.02~0.04m/s，可以认为在峰值振速小于 4cm/s 的地震波作用下，埋地管道不会受到破坏。事实上，爆破振动荷载特性与天然地震荷载特征及其对埋地管道的作用机理存在本质的不同，且埋地管道动力失效与管道覆土条件、管道接口形式、运营状态等因素具有密切关系，而简单以区域抗震烈度及抗震设计为依据，显然存在诸多不合理之处。

因此，针对上述规范、标准中关于埋地管道的爆破振动安全控制值的分析可知，国外的相关规范中虽有关于埋地管道的爆破安全振速控制值，但我国城区爆破工程复杂多样，埋地管道结构形式不一，对于我国工程建设的适用性得不到验证。此外，采用地震烈度以及管道的抗震设计所得的管道安全控制振速具有一定的合理性，但考虑到爆破振动与天然地震在荷载特征、传播特点、作用形式上的不同，其可靠性还有待验证。因此，有必要针对我国爆破工程建设的实际特点，研究不同爆破开挖工程中不同结构形式埋地管道的动力响应，分析其失效破坏机制，提出适应我国工程建设的合理有效的爆破振动安全控制阈值。

2.3 工程实践参考类比

为解决我国埋地管道爆破振动安全控制标准缺失这一问题，爆破振动影响下埋地管道应力、应变监测过程相对比较复杂、不易获取和控制。大量学者以实际爆破建设临近埋地管道的安全控制工程为依托，采用现场测试、数值模拟、模型实验、理论解析等综合方法，研究埋地管道的动力响应特征，分析管道的爆破振动失效机制，建立管道爆破振动响应及管道失效准则之间的关系，提出科学合理的埋地管道爆破振动安全判据。

Gad 等（2007）在借鉴地震荷载作用下管道变形破坏实例，通过现场测试的方法提出爆破振动作用下输水管道安全振动速度为 20cm/s。Francini 等（2009）通过研究在采矿爆破作用下临近埋地管道的振动速度响应，建立装药量、管壁厚度与管道应力的关系，提出 12.5~25cm/s 的管道安全振速标准。Abedi 等（2016）通过数值解析的方法并考虑管-土相互作用，计算爆炸波作用下埋地管道动力响应的解析解，提出管道最大安全爆破振动速度为 5cm/s。张忠超（2017）通过数值计算的方法提出爆破施工中不同材料的管线的地表临界振速，其中铸铁管线的地表临界振速为 19cm/s，混凝土管线的地表临界振速为 14cm/s，PVC 管线的地表临界振速为 15cm/s。高坛等（2017）由极限拉应力准则建立管道爆破振动速度安全阈值计算模型，确定管道正上方的地表振速安全阈值为 10cm/s。王海涛等（2018）综合考虑管道疲劳强度设计值和现行振速控制值的管道安全控制标准，确定 C30 混凝土管道的振速安全控制标准为 2.5cm/s。夏宇磬等（2019）根据混凝土管道抗拉强度，得到管道爆破振动控制峰值为 14.8cm/s，并依据管道振速与对应正上方地表振速的关系式，可得到地表爆破振动控制峰值为 3.32cm/s。

其中针对研究文献中常见管道的安全控制振速，统计情况如表 2.2 所示。

表 2.2 管道安全控制振速统计

作者	年份	管道类型	工程	安全判据（cm/s）
王国立等	2006	输油管道	西部管道工程	14
Gad et al.	2007	输水管道		20
周利芬等	2008	输油管道	江苏 121 省道山门口段边坡爆破	2
Francini et al.	2008			12.5~25
张文虎等	2009	燃气管道	南水北调中线陕京段	2
梁向前等	2009	燃气管道	南水北调中线京石段工程	3
梁向前	2009	输水、燃气管道	南水北调中线京石段工程	3
宋春生等	2011	燃气管道		1
唐润婷等	2011	燃气管道	张石高速公路桥梁桩基爆破工程	3
程围峰等	2011	输油管道	新建公路隧道爆破监测工程	3
张志强	2011	燃气管道	西气东输二线工程	7
戴联双	2012	输油管道		7~15
岳鑫峰	2012	燃气管道	张家口至石家庄高速公路桩基爆破开挖工程	3
Mohamed	2013	输油管道		1.25
张俊兵	2014	燃气管道	深圳地铁隧道暗挖隧道临近次高压燃气管线爆破项目	2
崔志刚	2014	输油管道	中俄原油管道漠大线林区伴行公路	3
刘学通	2014		西安至成都客运专线仙女岩隧道爆破工程	4
于咏妍等	2015	输水管道	青岛地铁 3 号线君峰路-西流庄隧道开挖工程	2.7
王振洪等	2015	燃气管道		2~6
李强等	2015	燃气管道		2.5
谌贵宇等	2015	燃气管道		14
郑爽英等	2015	燃气管道	西安至成都客运专线仙女岩隧道爆破工程	15.28

续表

作者	年份	管道类型	工程	安全判据（cm/s）
张黎明	2016	燃气管道	大龙经济开发区高铁城棚户区山地场平工程	20.37
Abedi et al.	2016			5
张紫剑等	2016	热镀锌钢管	大龙经济开发区高铁城棚户区山地场平工程	7.49
张震等	2017	输水管道	爆破振动作用下临近埋地混凝土管道动力响应特性	4.53
高坛等	2017	输水管道	基坑开挖爆破下临近管道振动速度安全阈值研究	10
王栋等	2017		大连市地铁一号线工程	2.5
刘珣等	2017	燃气管道	杭州市第二水源千岛湖配水工程	2.5
姜锐	2017	燃气管道	荣乌高速红泉村3#大桥桩井爆破施工工程	3
管晓明等	2017	输水管道	南方某隧道工程	3
张景华等	2018	燃气管道	露天采矿爆破对中缅油气管道振动的影响试验	7~10
王海涛等	2018	输水管道		2.5
任翔	2018	燃气管道	陕京天然气管道的桥梁桩基施工工程	1.5
张黎明	2017	钢管	某山地场平工程	14.44~17.21
夏宇磊等	2019	输水管道	青岛地铁3号线岭-清段的下穿给水管道隧道爆破工程	3.32
夏宇磊等	2019	输水管道		5
朱斌等	2019	燃气管道	武汉市城区典型土层埋置的下穿管道爆破工程	8.5
管晓明等	2019	输水管道	北方城市双向六车道高速公路东西主线隧道爆破工程	4.68
Shi	2020	输油管道		19
陈宏涛等	2020	燃气管道	南宁市某水利枢纽疏浚爆破工程	2.5
马伟平等	2020	输油管道		3~6
费雪松等	2020	输油管道		3~6

2.3 工程实践参考类比

续表

作者	年份	管道类型	工程	安全判据（cm/s）
赵珂等	2021	燃气管道	武汉市区主要常见枢纽燃气管道工程	13.82
黄一文等	2021	输水管道	武汉市城区典型土层埋置的给排水管道系统	13.82~23.41
胡宗耀等	2021	输水管道	武汉市城区典型土层中埋置的HDPE排水管道系统	16.64~22.51

根据表 2.2 中的数据统计，对于不同管道类型，其爆破振动速度统计如图 2.1~图 2.4 所示。

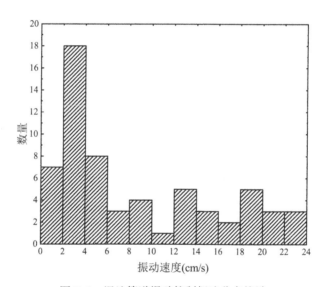

图 2.1 埋地管道爆破控制振速分布统计

针对已有相关研究和现场实际工程情况，归纳发现埋地管道安全振动速度的离散性较大，范围从 2~25cm/s 均有分布，实际临近管道爆破工程应用中进行借鉴及类比存在诸多限制。同时，埋地管道爆破振动安全控制标准受覆土条件、管道接口形式、运营状态等诸多因素影响会存在较大差异性。上述管道的安全控制标准的研究中缺乏针对多种因素进行综合考虑和系统研究下提出的安全判据，因此普适性较差。

工程现场实际应用中，埋地管道因其不便于开挖揭露以直接监测，目前研究多针对管道本身结构的失效提出管道振动安全判据，对于建立管道上方地表与埋地管道之间安全控

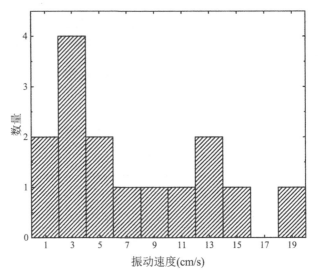

图 2.2 输油管道爆破控制振速分布统计

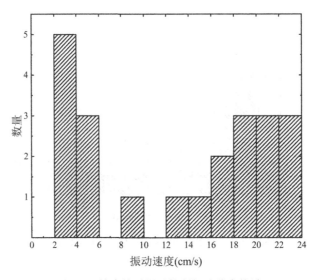

图 2.3 输水管道爆破控制振速分布统计

制振速的对应关系还缺少理论方面的研究。因此，需要在研究埋地管道爆破振动安全判据的基础上，提出管道上方地表土体爆破振动安全控制阈值将更具有实际操作性及应用性。为此，后续研究中需要考虑埋地土层条件，针对埋地管道安全控制标准开展系统、深入的研究具有重要示范及应用价值。

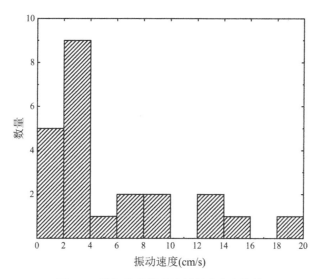

图 2.4　燃气管道爆破控制振速分布统计

2.4　本章小结

本章通过对现有国内外埋地管道安全控制标准进行梳理分析，研究埋地管道安全控制振速的发展现状及分布规律，分析现有安全控制标准的不足之处，得到的结论如下。

（1）规范中关于埋地管道控制标准的缺失使得大多数临近管道爆破工程在进行振动监测与安全控制标准的选取时方法不一、大小不一，在爆破工程的建设中不具有普适性。

（2）国外的相关规范中虽有关于埋地管道的爆破安全振速控制值，但其对于我国工程建设的适用性得不到验证。

（3）针对已有相关研究和现场实际工程情况，归纳发现埋地管道安全振动速度的离散性较大，范围从 2~25cm/s 均有分布，实际临近管道爆破工程应用中进行借鉴及类比存在诸多限制。现有文献中对于控制振速标准的研究缺乏针对多种因素进行综合考虑和系统研究下提出的安全判据，普适性较差。

（4）由于现场监测条件的限制，研究并提出管道上方地表土体爆破振动安全控制阈值将更具有实际操作性及应用性。

第 3 章 城区超浅埋地铁站通道下穿混凝土污水管爆破安全控制

3.1 概述

地铁隧道和地铁站建设时，鉴于现场工程地质情况往往需要在岩石地层中开挖。钻爆法作为一种经济、高效的开挖手段，仍是目前和今后岩层中地下工程的主要开挖方法。城市地下工程多在环境复杂、人口密集的城市中心地带，钻爆法施工产生的地震效应可能危及周边安全（朱泽兵等，2010；张永兴等，2010；王伟，2014）。了解地下空间爆破开挖引起的地表振动特性和传播规律，是安全控制爆破开挖的前提（薛里等，2012；李付胜，2008）。

城市地下管道错综复杂，地下工程爆破施工也难免会穿越管网区域，当临近埋地管道进行工程爆破时，爆破振动可能会影响管道的安全（魏韡，2014；梁向前等，2009；聂畅，2014），研究爆破振动荷载下埋地管道的动力响应、确定管道的振动速度安全阈值以及确定地表振动控制速度对指导现场爆破施工有着重要的意义。目前学者多是对不同工程背景条件下埋地管道在爆破荷载下的动力响应进行研究，较少研究埋地混凝土管道的安全振动速度阈值以及为确保混凝土管道安全的地表振动控制速度。

本章结合武汉市轨道交通 2 号线宝通寺站Ⅳ号出口过街通道工程实际情况，以现场实测地表爆破振动数据为基础，采用动力有限元数值模拟方法，研究了超浅埋通道下台阶爆破开挖作用下沿通道轴向及垂直于通道轴向的地表振动传播规律。为了研究上台阶开挖空间对地表爆破地震波传播特征的影响，对通道全断面爆破开挖的地表振动规律进行数值模拟分析，并与下台阶爆破开挖工况下地表振动规律对比。为了明晰爆破振动对临近埋地管道的影响，研究了超浅埋通道爆破开挖下临近埋地混凝土污水管道的动力响应，对管道处于空管状态和满水状态两种工况进行对比分析；从统计角度确立单元的峰值拉应力与峰值振动速度两者的函数关系，依据最大拉应力强度理论确定管道的爆破振动速度安全判据；通过统计不同管道断面最大振动速度与对应位置正上方地表振动速度的关系，结合管道的爆破振动速度安全判据，提出该工程地表振动的控制速度。

3.2 下穿混凝土污水管爆破工程概况

武汉市轨道交通 2 号线宝通寺地铁站位于武珞路地下，呈东西走向，车站总长 219.2m，宽 18.5m。Ⅳ号出入口在车站西北角，采用暗挖法施工。宝通寺车站Ⅳ号出口过街通道为超浅埋，暗挖段埋深 4.0m，总长 57.77m，其中标准段长 53.17m，标准段净空高 6.14m，宽 6.46m。通道斜穿管道埋设区域，其中控制性管线为 $\Phi800$ 混凝土污水管，管线与通道轴线方向夹角约为 40°，通道暗挖段与管线位置关系如图 3.1 所示。

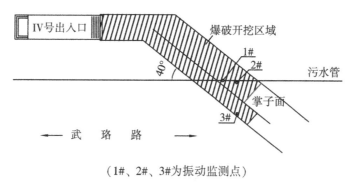

（1#、2#、3#为振动监测点）

图 3.1 通道与管线位置关系平面图

图 3.2（a）为通道开挖断面示意图。通道的尺寸为 6.14m×6.46m（高×宽），管道埋深 2.35m，管道底部距通道初支顶距离仅为 0.69m。根据设计图纸和勘察报告，过街通道暗挖段采取 CD 法分为两个导洞开挖，每个导洞按上下台阶分步开挖。其中，通道上台阶为粉质黏土层，厚度 2.0～2.5m，采取人工挖除。通道下台阶为粉砂质泥岩，厚度 3.5～4.0m，采取爆破方式开挖，爆破开挖循环进尺为 1.0m。各个导洞通道上台阶与下台阶错开 2.0～3.0m 的超短台阶。

在隧道爆破开挖时，掏槽孔爆破时由于单段药量大且受周围介质的夹制作用，其造成的地震效应通常最为强烈（张继春等，2005）。根据爆破设计方案，右导洞掏槽孔装药量明显大于左导洞，按最不利安全条件考虑，对右导洞爆破开挖作用下地表振动规律及埋地管道的动力响应进行研究。通道右导洞掏槽孔布置如图 3.2 所示，右导洞下台阶布置有 6 个掏槽孔，每个炮孔直径为 40mm。炸药采用 2 号岩石乳化炸药，装药时采用耦合装药，每个炮孔装药量为 0.3kg。掏槽孔起爆方式为孔底起爆，采用多孔齐爆网路。

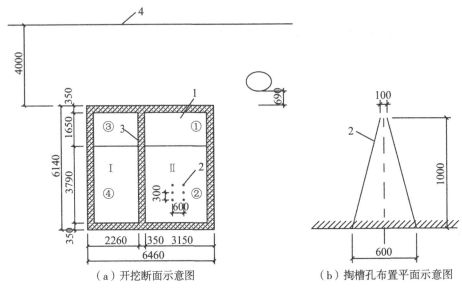

(a) 开挖断面示意图　　　　(b) 掏槽孔布置平面示意图

1. 人工挖空区（粉质黏土层）；2. 掏槽孔；3. 衬砌；4. 地表

Ⅰ. 左导洞，Ⅱ. 右导洞；①②③④开挖顺序

图 3.2　通道掏槽爆破示意图（单位：mm）

3.3　爆破动力计算数值建模及验证

3.3.1　数值模型

采用数值模拟方法研究爆破动力相关问题时，根据研究问题不同的侧重点，数值模型所需的大小也不尽相同。在研究爆破开挖地表振动规律时，为了全面了解爆破地震波的传播，需要对地表相当大范围内取监测点进行研究，因此数值模型较大。而在研究混凝土管道爆破动力响应时，研究重点在于管道，管道的网格划分更精细，此时如果模型较大，数值模拟计算单元太多，对计算机的性能则提出更高的要求。因此，分别建立数值模型对超浅埋地铁站通道爆破开挖地表振动传播规律和临近埋地管道动力响应进行研究。

1. 爆破开挖地表振动传播规律研究数值模型

采用动力有限元程序 ANSYS/LS-DYNA 对通道掘进的掏槽孔爆破进行模拟。通过勘察资料可知，各层地层均有不同程度的轻微起伏，并非完全水平，但其起伏程度均较缓，研

3.3 爆破动力计算数值建模及验证

究区域内各地层厚度的变化量有限。所以，为了使整个模型的计算量在可控范围内，且更典型地表现层状地层中爆破应力波的传播，模型的层状地层均近似作完全水平（何如，2018）。

图3.3给出了通道下台阶爆破开挖工况下掏槽爆破时的模型，模型整体尺寸为40m×18m×40m，地表土层厚度为6m。模型中材料均采用Soild164单元划分为Lagrange网格。在关于有限元的动力学数值模拟中，Kuhlemeyer等（1973）认为为了能够精确模拟应力波的传播，模型网格的单元尺寸须小于输入波波长的1/10~1/8。而网格太密、太细会占用大量的分析时间，综合考虑，土体单元网格尺寸为0.5m，对岩体单元网格尺寸进行适当粗划以减少单元数量。数值模型共划分448019个单元，计算采用cm-g-μs单位制。采用数值模拟方法研究爆破相关问题时，由于建立的模型大小有限，爆破发生后，应力波传至模型边界时会发生反射，从而对计算结果产生影响。为了消除应力波反射产生的影响，模型中除顶面及通道轮廓为自由边界外，其余边界均采用无反射边界。

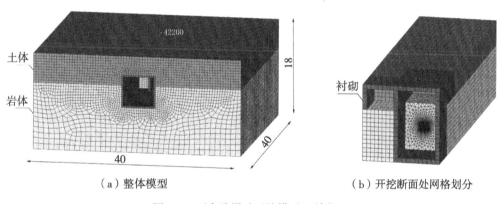

图3.3 下台阶爆破开挖模型（单位：m）

2. 爆破开挖临近埋地管道动力响应研究数值模型

在上述模型的基础上添加管道，对通道掘进的掏槽孔爆破进行模拟以研究埋地管道的动力响应。现场实际爆破施工时，管道内水量很少，可近似看成空管状态。为了研究污水对管道振动的影响，对满水状态污水管道同样建模分析。由于混凝土管道相邻管节接口做法较为复杂，数值模拟时为了简化建模和计算，将管道作为一个整体，未考虑接口的具体做法。图3.4给出了空管状态下通道掏槽爆破时的模型，模型整体尺寸为24m×18m×18m，埋地管道的上覆土体厚度为2.35m。模型中材料同样采用Soild164单元划分为Lagrange网格，计算采用 cm-g-μs 单位制。将模型顶面及通道轮廓设置为自由边界，其余边界采用无反射边界。在对满水状态污水管道进行数值建模分析时，管道与水之间采用流固耦合算法。

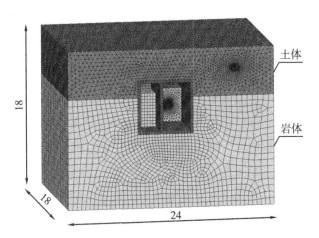

图 3.4　有限元数值计算模型（单位：m）

3.3.2　材料模型及参数

两类数值计算模型中包含炸药、水、管道、围岩、上覆土体及衬砌材料。现场施工时，炸药采用的是 2 号岩石乳化炸药，LSDYNA 中提供了 * MAT_HIGH_EXPLOSIVE_BURN 模型可以模拟炸药的爆炸，炸药爆轰过程中压力和比容的关系采用 JWL 状态方程（Giovanni et al.，2016）描述，其形式为

$$P = A\left(1 - \frac{\omega}{R_1 V}\right)e^{-R_1 V} + B\left(1 - \frac{\omega}{R_2 V}\right)e^{-R_2 V} + \frac{\omega E_0}{V} \quad (3.1)$$

式中：A、B、R_1、R_2、ω 为材料常数；P 为压力；V 为相对体积；E_0 是初始比内能。2 号岩石乳化炸药材料参数见表 3.1。

表 3.1　炸药参数

密度(g/cm³)	爆速(m/s)	爆压(GPa)	A(GPa)	B(GPa)	R_1	R_2	E_0(GPa)
1.1	3500	3.4	47.6	0.524	3.5	0.9	4.26

下穿污水管道为混凝土管，混凝土的强度等级为 C30，采用 MAT_ELASTIC 弹性模型；围岩为粉砂质泥岩，选用 MAT_PLASTIC_KINEMATIC 材料模型（许红涛，2006；王鹏等，

2010；蒋楠等，2011），该材料模型考虑了岩石介质材料的弹塑性性质，并能够对材料的强化效应（随动强化和各向同性强化）和应变率变化效应加以描述；土体采用MAT_DRUCKER_PRAGER材料模型（曲树盛等，2012；马险峰等，2011；郑爽英等，2015），该材料模型能有效模拟土体特性，且用于定义屈服面的岩土参数简单、易得；衬砌采用MAT_ELASTIC弹性模型。由管道的混凝土强度等级，根据《混凝土结构设计规范》（GB 50010—2010）得到其物理力学参数。通过现场试验和室内实验，得到围岩、土体及衬砌的物理力学参数。管道、岩土体及衬砌物理力学参数列于表3.2。

表3.2　　　　　　　　　管道、岩土体及衬砌物理力学参数

类别	密度 （g/cm³）	弹性模量 （GPa）	泊松比	屈服强度 （MPa）	切线模量 （GPa）	内聚力 （kPa）	剪切模量 （MPa）	内摩擦角 （rad）	抗拉强度 （MPa）
管道	2.40	30	0.19	—	—	—	—	—	1.43
围岩	2.43	8	0.13	12	0.21	—	—	—	—
土体	1.98	—	0.35	—	—	100	150	0.31	—
衬砌	2.52	35	0.19	—	—	—	—	—	—

水的材料模型采用关键字 *MAT_NULL 定义，状态方程采用关键字 *EOS_GRUNEISEN（Liu et al.，2002；时党勇等，2005），其形式为

$$\begin{cases} P = \dfrac{\rho_0 C^2 \mu \left[1 + \left(1 - \dfrac{\gamma_0}{2}\right)\mu - \dfrac{a}{2}\mu^2\right]}{\left[1 - (S_1 - 1)\mu - S_2 \dfrac{\mu^2}{\mu+1} - S_3 \dfrac{\mu^3}{(\mu+1)^2}\right]^2} + (\gamma_0 + a\mu)E, & \mu > 0 \\ P = \rho_0 C^2 \mu + (\gamma_0 + a\mu)E, & \mu < 0 \end{cases} \quad (3.2)$$

式中：C 为水中声速；$\mu = \rho/\rho_0 - 1$，ρ 为扰动后水密度，ρ_0 为水初始密度；E 为比内能；γ_0 为 GRUNEISEN 系数；S_1、S_2、S_3 为 $V_S - V_P$ 斜率系数；a 为体积修正系数。计算时具体输入参数见表3.3。

表3.3　　　　　　　　　水材料模型参数

密度（g/cm³）	C（m/s）	S_1	S_2	S_3	γ_0
1.0	1480	2.56	1.986	1.2268	0.5

3.3.3 数值模拟的可靠性分析

对现场监测结果和数值模拟结果进行对比，通过分析二者之间的差异来验证数值模拟的可靠性。出入口爆破施工时对爆破振动开展了监测，爆破振动监测点位置如图3.1所示。其中1#、2#测点位于污水管上方的地表位置，3#测点位于左导洞开挖断面的上台阶。采用含管道模型的计算结果来验证选用的材料模型和使用参数的合理性。

对比分析现场监测数据及数值模拟计算结果，列于表3.4。分析振动速度发现数值模拟结果与现场监测结果差异较小，二者误差最大的仅为5.71%。因此，基于所选用的材料模型和参数来研究超浅埋地铁站通道爆破开挖地表振动传播规律和临近埋地管道动力响应是可行的。由于针对研究问题对数值模型进行了概化，数值模拟建模时未考虑岩土体本身存在的缺陷（Jayasinghe et al.，2016；Jiang et al.，2012），且考虑到材料模型的理想性与各向同性，数值模拟计算所得频率高于实测频率。图3.5、图3.6给出了1#地表监测点垂向振动速度实测数据及对应的数值模拟计算结果。

表3.4　　各监测点质点振动速度对比

监测点	水平距离 (m)	高程差 (m)	数值计算振速 (cm/s)		现场监测振速 (cm/s)		误差 (%)	
			垂向振速	合速度	垂向振速	合速度	垂向振速	合速度
1#(76016)	3.6	7	1.12	1.40	1.15	1.46	2.61	4.11
2#(66178)	3	7	0.99	1.17	1.05	1.20	5.71	2.50
3#(46030)	2.8	0.5	16.58	28.70	17.28	29.04	4.05	1.17

3.4 超浅埋地铁站通道爆破开挖地表振动传播规律

隧道采用钻爆法开挖时，根据隧道所处的地质条件、洞室的断面大小等因素选择采用分台阶开挖或者全断面开挖。采用以上两种方法进行爆破开挖时，由于自由面情况不同，爆破产生的地震波在地层内的传播规律存在明显差异，爆破地震波在地表的传播规律也不尽相同。为了明晰全断面爆破开挖和分台阶爆破开挖时的地表振动传播规律差异，对下台阶爆破开挖和全断面爆破开挖两种工况下沿通道开挖导洞轴向及垂直于通道开挖导洞轴向地表振动传播规律进行分析，监测点的布置方向如图3.7所示。

3.4 超浅埋地铁站通道爆破开挖地表振动传播规律

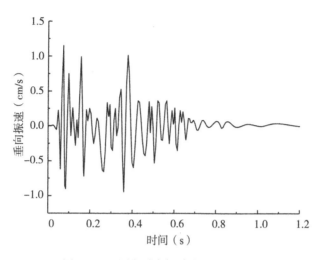

图 3.5 1#测点垂向振动速度实测波形

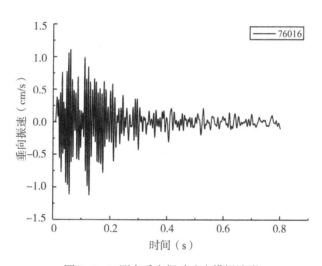

图 3.6 1#测点垂向振动速度模拟波形

3.4.1 沿通道开挖导洞轴线方向地表振动传播规律

以掌子面中心正上方地表质点为原点,沿开挖导洞轴线方向距掌子面不同水平距离位置布置监测点,下台阶爆破开挖工况下各监测点垂向峰值振动速度如图 3.8 所示。图中,横坐标负向表示掌子面后方(已开挖区域),横坐标正向表示掌子面前方(未开挖区域)。

下台阶爆破开挖工况下,掌子面后方,随着与掌子面水平距离的增加,地表质点垂向峰值振动速度不断衰减。值得注意的是,由于下部通道的存在,-5~0m 范围内,应力波

33

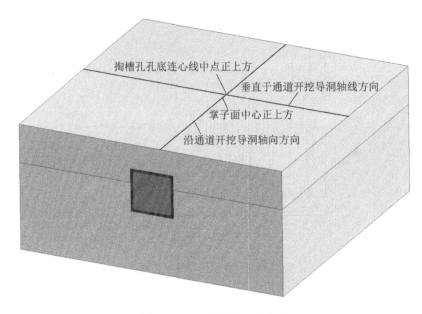

图3.7 地表监测点布置方向

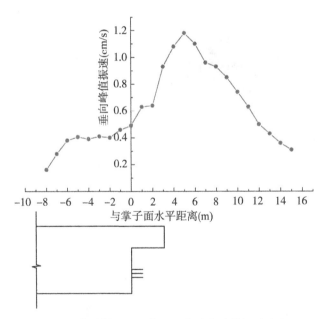

图3.8 下台阶爆破开挖各监测点垂向峰值振动速度

在地表与通道上表面之间反射叠加现象明显,使得地表质点垂向峰值振动速度衰减缓慢。由图3.8可以看出,−2~0m地表质点振动速度的衰减速度小于−8~−5m地表质点振动速度的衰减速度,应力波在地表与通道上表面之间反射叠加作用在−5~0m范围内效果明显;

掌子面前方，由于通道上台阶粉质黏土预先人工开挖，上台阶形成空洞，爆破产生的应力波在传播至地表的过程中发生绕射，0~5m范围内，地表质点垂向峰值振动速度不断增大，且在掌子面前方5m处速度达到最大值。掌子面前方5m外，地表质点垂向峰值振动速度不断减小。掌子面前方地表质点垂向峰值振动速度整体呈现出先增大、后减小的趋势。

为了研究全断面爆破开挖和分台阶爆破开挖工况下沿通道开挖导洞轴线方向地表振动传播规律的差异，对通道全断面爆破开挖工况下开挖导洞轴线方向地表振动规律进行分析，并与下台阶爆破开挖工况进行对比，两种工况下各监测点垂向峰值振动速度对比如图3.9所示。

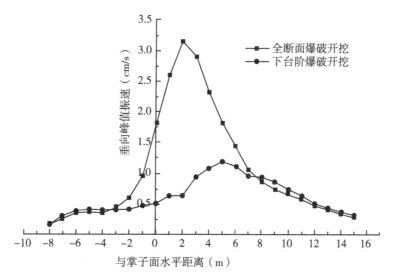

图3.9 两种工况下各监测点垂向峰值振动速度对比

全断面爆破开挖工况下，掌子面后方，随着与掌子面水平距离的增加，地表质点垂向峰值振动速度不断衰减，且-3~0m范围内，地表质点垂向峰值速度衰减较快；-6~-3m范围内，由于下部通道的存在，应力波在地表与通道上表面之间反射叠加现象明显，使得地表质点垂向峰值振动速度衰减缓慢；当与掌子面的距离超过6m时，地表质点垂向峰值振动速度衰减速度较-6~-3m范围内更快，表明应力波在地表与通道上表面之间反射叠加作用仅在-6~-3m效果明显；掌子面前方2m处地表质点垂向峰值振动速度达到最大。掌子面前方地表质点垂向振动速度整体呈现出先增大、后减小的趋势。

从整体上来看，全断面爆破开挖地表质点垂向峰值振动速度分布规律与下台阶爆破开挖类似，从掌子面后方到掌子面前方，地表质点垂向峰值振动速度呈现出先增大、后减小的趋势；两种工况下，地表质点垂向峰值振动速度最大值出现在不同位置，全断面爆破开挖工况下，掌子面前方2m处地表质点垂向峰值振动速度达到最大，下台阶爆破开挖工况下，由于上台阶的开挖阻碍了应力波的传播，应力波发生绕射，掌子面前方5m处地表质点垂向峰值振动速度达到最大；当掌子面前后方在距掌子面一定水平距离后，两种工况下的地表质点垂向峰值振动速度大小和衰减情况大体一致。沿通道开挖导洞轴线方向，全断面爆破开挖工况下，地表质点垂向峰值振动速度最大值为3.15cm/s，下台阶爆破开挖工况下的地表质点垂向峰值振动速度最大值为1.18cm/s，可见上台阶的开挖阻隔了应力波的向上传播，能够有效降低地表质点垂向峰值振动速度。沿通道开挖导洞轴线方向，全断面爆破开挖工况下的地表质点垂向峰值振动速度最大值是通道下台阶爆破开挖工况下的2.67倍。

3.4.2 垂直于通道开挖导洞轴线方向地表振动传播规律

为了研究垂直于通道开挖导洞轴线方向地表振动传播规律，以掏槽孔孔底连心线中点正上方地表质点为原点，垂直于通道开挖导洞轴线方向选取一系列地表监测点，下台阶爆破开挖工况下各监测点垂向峰值振动速度如图3.10所示。图中，横坐标负向表示通道开挖导洞轴线左侧区域，横坐标正向表示通道开挖导洞轴线右侧区域。

下台阶爆破开挖工况下，垂直于通道开挖导洞轴线方向，由于通道上台阶粉质黏土的开挖，应力波在传播过程中发生绕射，掏槽孔孔底连心线中点正上方地表质点与爆源距离最小，但垂向峰值振动速度并不是最大，且原点两侧2m范围内，随着与原点水平距离的增加，垂向峰值振动速度不断增大；原点两侧2m范围外，随着与原点距离的增加，地表质点垂向峰值振动速度不断减小，且左侧地表质点垂向峰值振动速度衰减较右侧快。从垂向峰值振动速度曲线上来看，原点两侧5m范围内，距原点相同距离，左侧地表质点垂向峰值振动速度明显大于右侧；当与原点距离超过5m时，两侧地表质点垂向峰值振动速度差别不大。

为了研究全断面爆破开挖和台阶爆破开挖工况下垂直于通道开挖导洞轴线方向地表振动传播规律的差异，对通道全断面爆破开挖工况下垂直于通道开挖导洞轴线方向地表振动规律进行研究，并与下台阶爆破开挖工况进行对比，两种工况下各监测点垂向峰值振动速度对比如图3.11所示。

全断面爆破开挖工况下，垂直于通道开挖导洞轴线方向，掏槽孔孔底连心线中点正上方地表质点垂向峰值振动速度最大，左右两侧随着与原点距离的增加，地表质点垂向峰值振动速度不断减小；原点两侧5m范围内，对左右两侧距原点相同位置的地表质点垂向峰值振动速度进行比较可以发现，左侧地表质点垂向峰值振动速度明显大于右侧，左侧地表

3.4 超浅埋地铁站通道爆破开挖地表振动传播规律

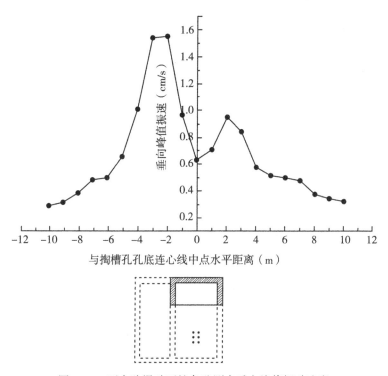

图 3.10 下台阶爆破开挖各监测点垂向峰值振动速度

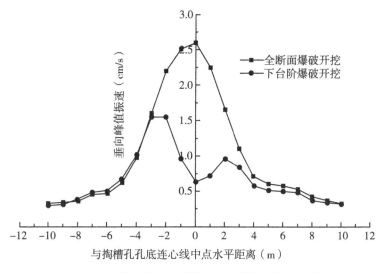

图 3.11 两种工况下各监测点垂向峰值振动速度对比

质点垂向峰值振动速度衰减较右侧缓，当与原点距离超过 5m 时，两侧地表质点垂向峰值振动速度差别不大。

全断面爆破开挖工况下，掏槽孔孔底连心线中点正上方地表质点垂向峰值振动速度最大，而下台阶爆破开挖工况下，掏槽孔孔底连心线中点正上方地表质点与爆源距离最小，但垂向峰值振动速度并不是最大，对比结果验证了由于通道上台阶的开挖，应力波在垂直通道开挖导洞轴线方向传播时发生了绕射；当左右两侧在距原点一定距离后，两种工况下地表质点垂向振动速度的衰减情况趋于一致。垂直于通道开挖导洞轴线方向，全断面爆破开挖工况下，地表质点垂向峰值振动速度最大为 2.59cm/s，下台阶爆破开挖工况下，地表质点垂向峰值振动速度最大为 1.55cm/s，全断面爆破开挖工况下地表质点垂向峰值振动速度最大值是下台阶爆破开挖工况下的 1.67 倍；两种工况下，在原点两侧 5m 范围内，对左右两侧距原点相同位置处地表质点垂向峰值振动速度对比，左侧地表质点垂向峰值振动速度均明显大于右侧。因此在中隔墙法（CD 法）开挖时，垂直于通道开挖导洞轴线方向，要加强对后开挖导洞一侧的爆破振动监测。

3.5 爆破振动作用下混凝土污水管动力响应特征

临近埋地管道爆破开挖时，爆破诱发的振动效应可能对管道产生不同程度的损伤，影响埋地管道的使用寿命。爆破地震波通过地层传至管道时，管道自身发生振动，并在管道内产生附加应力，当管道应力超过其许用应力时管道即发生破坏。由应力波理论可知，振动速度和应力存在一定关系。通过分析管道不同位置的振动速度大小可以确定管道在爆破荷载下的最易破坏位置。本节研究了埋地混凝土污水管在空管（无水）状态和满水状态下的动力响应，通过对比研究了管道中水对埋地混凝土污水管动力响应的影响。

3.5.1 空管状态管道动力响应分析

为了研究空管状态下管道的动力响应，以距掌子面不同水平距离分别选取多个管道断面来分析管道的动力响应，各个管道断面再分别选取顶部 A、中部 B、底部 C 三个质点进行研究，各个管道断面取值点位置如图 3.12 所示。图 3.13 给出了距掌子面不同距离处管道断面上质点振动速度分布曲线，图中，横坐标负向表示掌子面后方（已开挖区域），横坐标正向表示掌子面前方（未开挖区域）。

从图 3.13 可以看出，掌子面后方，管道断面上底部振动速度和中部振动速度较为接近，顶部振动速度最小，随着与掌子面距离的增加，三个位置的质点振动速度都不断衰减；掌子面前方，管道断面质点振动速度呈现出底部最大、中部次之、顶部最小的振动特征。由于人工开挖通道上台阶为粉质黏土，且与下台阶错开 3m，应力波在传播过程中发生绕射，掌子面前方 0~3m 范围内，管道断面上各个位置质点振动速度不断增大，且在

3.5 爆破振动作用下混凝土污水管动力响应特征

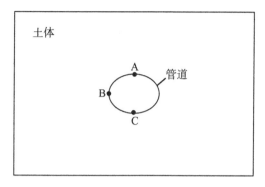

图 3.12 各个管道断面取值点位置示意图

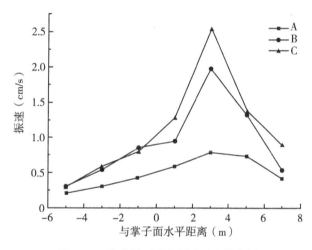

图 3.13 管道断面质点振动速度分布图

3m处三个位置质点振动速度都达到最大值；掌子面前方管道断面上各个位置质点振动速度呈现出先增大、后减小的趋势。沿着管道轴线方向，质点振动速度最大的位置出现在掌子面前方3m管道断面底部位置，为2.54cm/s；此时，管道断面顶部质点振动速度仅为0.78cm/s，管道断面底部质点振动速度是顶部质点振动速度的3.26倍。

3.5.2 满水状态管道动力响应分析

为了研究管道中水的存在对管道质点振动速度的影响，对满水状态污水管道在爆破荷载作用下的动力响应进行建模计算分析。计算结果与空管状态的动力响应进行对比，结果如图3.14所示，其中A、B、C为空管状态下管道相应质点振动速度分布曲线，A′、B′、C′为满水状态下管道相应质点振动速度分布曲线。

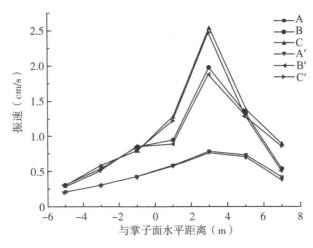

图 3.14 管道断面质点振动速度对比图

由图 3.14 中对比可以发现,管道在两种状态下质点振动传播特征基本一致。满水状态相比于空管状态,管道质点振动速度有所降低,质点振动速度降低幅度最大为 7.3%。当管道内部存在水时,爆破地震波携带能量一部分传输至水中,进而使得管道的质点振动速度降低,由此可以看出,管道中水的存在对管道的抗爆起到积极作用。

3.6 管道安全爆破振动速度控制阈值

城区埋地管道错综复杂,各种类型管道的安全正常运行是保障城市良性运转的重要组成部分。临近埋地管道进行爆破开挖时需保证爆破产生的有害效应不会对管道的正常运行产生影响。现有《爆破安全规程》(GB 6722—2014)没有针对埋地管道的爆破振动安全标准作出专门的规定。《油气管道地质灾害风险管理技术规范》(SY/T 6828—2017)规定在管道附近采用控制爆破或机械振动施工时,采取减震沟减震后,形成的振动波到达管道处的最大爆破振动速度不得超过 7cm/s。但该规范并不适用于埋地混凝土管道。本节基于临近埋地混凝土污水管道的超浅埋地铁站通道爆破开挖工程,对埋地混凝土污水管道的爆破振动控制速度进行研究。

3.6.1 管道爆破振动速度安全判据分析

由 3.5 节研究可知,爆破荷载下管道处于空管状态时的振动速度大于满水状态,此时管道处于最不利状态,因此本节对空管状态管道爆破振动速度安全判据进行分析。沿着管道不同位置取 7 个断面，每个管道断面上在顶部、中部、底部分别选取单元，分析单元的峰值拉应力与峰值振动速度，从统计角度确立两者的函数关系。

图 3.15 给出了峰值拉应力和峰值振动速度的统计关系，二者之间的关系表达式为

$$\sigma_t = 0.076V + 0.029 \tag{3.3}$$

式中：σ_t 为峰值拉应力，MPa；V 为峰值振动速度，cm/s。

式（3.3）表明，管道所受峰值拉应力和峰值振动速度之间存在线性关系。

依据管道混凝土的抗拉强度，由最大拉应力强度理论即可得到管道的爆破控制峰值振动速度。综合考虑管道埋设位置、管道破坏时对周围环境的影响程度以及破坏后修复的难易程度选定管道的重要性修正系数为 1.7（王晨婉，2010）。结合式（3.3）可得：当管道结构峰值振动速度为 10.84cm/s 时，管道结构所受拉应力达到其抗拉强度。为了保证混凝土污水管道在爆破开挖过程中的安全，需保证管道在爆破地震波作用下产生的振动速度小于 10.84cm/s，即管道的爆破振动速度控制阈值。

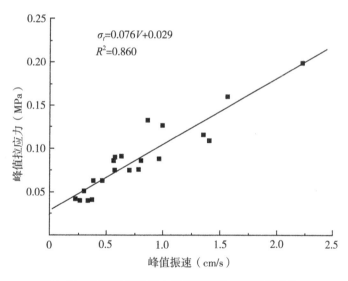

图 3.15 管道峰值拉应力和峰值振动速度的统计关系

3.6.2 地表振动控制速度确定

在临近埋地管道位置爆破时，为了保证管道的安全，必须对爆破强度进行控制。尽管 3.6.1 小节提出了管道的爆破振动速度控制阈值，但由于管道埋地的特殊性，直接对管道进行爆破振动监测较为困难。目前，工程实践中多是直接对管道正上方地表振动速度进行监测，且地表振动控制速度设定主要依赖于经验，对于如何合理确定地表振动控制速度方

面少有研究。

为了确定爆破荷载下管道处于安全状态的地表振动控制速度,统计沿管道轴线方向不同断面上最大振动速度与对应位置处管道正上方地表振动速度,对二者关系进行数学拟合。图 3.16 给出了管道断面最大振动速度与正上方地表振动速度的关系,二者之间的关系表达式为

$$V_G = 0.379V_P + 0.420 \tag{3.4}$$

式中:V_P、V_G 分别为管道断面最大振动速度与正上方地表振动速度,cm/s。

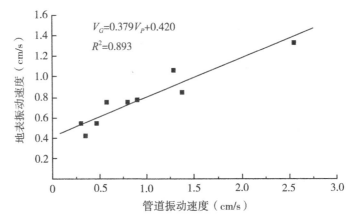

图 3.16 管道振动速度与正上方地表振动速度的统计关系

由图 3.16 可以看出,管道振动速度与正上方地表振动速度存在一定的线性关系,管道振动速度大的位置,其正上方地表振动速度也相应较大。因此,可以通过建立管道振动速度与正上方地表振动速度的统计关系来计算保证管道安全的地表控制速度。由 3.6.1 小节可知,为了保证管道的安全,需要控制管道的最大振动速度不超过 10.84cm/s,结合式 (3.4) 可以确定现场监测时管道正上方地表振动速度不能超过 4.53cm/s,这为该工程的爆破作业提供了地表振动控制速度,同时也为类似工程提供了确定地表振动控制速度的方法。

3.7 本章小结

本章以下穿埋地混凝土污水管道的超浅埋地铁站爆破暗挖工程为依托,采用现场测试和数值模拟的综合研究方法,对超浅埋地铁站通道爆破开挖中地表振动传播规律和临近埋地管道动力响应进行研究,得到结论如下:

(1) 沿通道开挖导洞轴线方向，下台阶爆破开挖工况下，由于应力波的绕射，掌子面前方 5m 处地表质点垂向峰值振速达到最大值；全断面爆破开挖工况下（即上台阶粉质黏土不开挖），掌子面前方 2m 处地表质点垂向峰值振速达到最大值。

(2) 垂直于通道开挖导洞轴线方向，掏槽孔孔底连心线中点正上方地表质点与爆源距离最小，但垂向峰值振速并不是最大，且质点两侧 2m 范围内，随着爆心距的增加，垂向峰值振速不断增大；全断面爆破开挖工况下，掏槽孔孔底连心线中点正上方地表质点垂向峰值振速最大，且随着爆心距的增加，垂向峰值振速不断减小。

(3) 上台阶的开挖阻隔了应力波的传播，能够有效降低地表质点垂向峰值振速。沿通道开挖导洞轴线方向，全断面爆破开挖工况下的地表质点垂向峰值振速最大值是下台阶爆破开挖工况下的 2.67 倍；垂直于通道开挖导洞轴线方向，全断面爆破开挖工况下的地表质点垂向峰值振速最大值是下台阶爆破开挖工况下的 1.67 倍。

(4) 空管状态下，掌子面后方，管道断面底部振速和中部振速较为接近，顶部振速最小；掌子面前方，管道断面质点振速呈现出底部最大、中部次之、顶部最小的振动特征；沿着管道轴线方向，质点振速最大的位置出现在掌子面前方 3m 管道断面底部位置。

(5) 对比空管和满水两种状态下的管道动力响应，两种状态下质点振动传播特征基本一致，管道中水的存在能降低管道质点振动速度，对管道的抗爆起到积极作用。

(6) 从统计角度确立管道峰值拉应力和峰值振动速度的函数关系，由最大拉应力强度理论得到该工况下管道的爆破控制峰值振速为 10.84cm/s；通过建立管道轴线方向不同断面上的最大振动速度与对应位置处管道正上方地表振动速度之间的关系，结合管道的爆破振速安全判据确立了该工程爆破作业时管道正上方地表振动控制速度为 4.53cm/s，为类似工程提供了确定地表振动控制速度的方法。

第4章 城区地铁隧道下穿爆破给水管道安全控制

4.1 概述

因早期城市规划的不足及综合管廊建设的缺失，埋地管道常直埋于地下，隧道或深基坑爆破开挖作业不可避免地穿越复杂的管道区域（Chen et al.，2018）。爆破作业过程中产生的振动扰动效应对上覆土层中埋地管道结构安全产生影响，引起管道损伤及破坏（刘学通，2015），影响居民供水，甚至造成管道附近水土流失，导致路面沉降坍塌。为确保下穿隧道开挖爆破振动作用下给水管道安全稳定，分析爆破振动作用下给水管道的动力响应特征及失效模式，建立爆破作用下埋地管道爆破安全判据尤为关键。

本章以青岛市地铁3号线岭-清段下穿给水管道的隧道爆破工程为例，采用现场监测及有限元ANSYS/LS-DYNA数值模拟相结合的方法进行研究。基于动力有限元计算结果，分析并对比爆破振动作用下混凝土管道空管状态、满水无压状态及0.2MPa内压状态下不同的动力响应特征；结合模态分析法，明晰管道运营状态对爆破振动作用下管道动力响应特征的影响；同时，基于线性拟合法，考虑管道振动速度与有效应力的关系，建立管道有效应力与管道正上方地表振动速度的函数关系，提出以地表振动速度表征埋地管道受爆破开挖动力效应扰动下动力响应特征的方法；结合断裂力学理论，确定爆破振动作用下给水钢筋混凝土管的极限动态抗拉强度，通过管道有效应力与地表振动速度函数关系确定管道及其正上方地表的爆破振动速度安全控制值，为相关城区开挖爆破临近埋地给水管道保护提供依据。

4.2 地铁隧道爆破工程概况

青岛市地铁3号线工程主要采用矿山法施工（王晓鹏，2016），其特点为埋深浅，受地质条件影响显著，对上方地层扰动并导致土体受损，易形成不同范围、不同程度的地面沉降。根据《工程岩体分级标准》（GB/T 50218—2014），岩体基本质量分级是根据岩石坚硬程度和岩体完整程度相结合，按由强到弱分为Ⅰ~Ⅴ级。工程岩体是否稳定主要取决于开挖后重分布的应力是否超出岩体所能承受的程度。而岩体的承受能力通过岩体的强度、变形特性和岩体本身的结构来表现。当工程岩体的结构面较少且不起控制性作用时，岩体的强度和变形特性将决定地下工程的稳定性；当开挖后重分布应力超过岩体的承受能力时，将使岩体的结构面发育、发展，最后导致地下工程失稳。

青岛地区的地质条件属于典型的海岛型地质，受海水的波浪、潮汐与海流的侵蚀作用、搬运作用与堆积作用，加上海岸本身的岩性软硬不均，与河川上游冲刷所带下来的沉积物，慢慢塑造出多样的海岛地形。通常因岩石的抗蚀性不同而展现不同的侵蚀地形，岩石强度参差不齐，岩性多种多样；受海岸作用力的搬运、堆积，岩层厚度也呈现出不均匀特性。青岛地基多为岩浆岩类硬质岩石，是坚硬稳固的地质体，在长期风化作用下形成了一定厚度的风化带，其上沉积了厚度不一的第四纪松散堆积物。青岛地区有三大断裂带，其中永火区间的沧口断裂，是青岛花岗岩岩基的西北边界，属于Ⅴ级构造单元的分界线，控制了青岛花岗岩岩基的展布。这些断裂构造对地铁工程的影响主要表现于岩体节理裂隙发育，局部发育糜棱岩、碎裂岩等构造岩，部分地段穿插有花岗斑岩岩脉，构造裂隙水发育，形成相对不均匀的岩石地基。

本次研究区域为青岛地铁 3 号线岭-清区间隧道，区间开挖采用钻爆法施工，施工所在区域的上部地层主要为第四系（Q），围岩等级由Ⅳ至Ⅴ，由地表至下依次为素填土、强风化花岗岩、微风化花岗岩，为上软下硬的地层（图 4.1）。工作区内的地下水类型主要为第四系松散堆积层孔隙水及基岩裂隙水，地下水补给来源主要为大气降水和河流上游的侧向径流补给。该施工区间隧道下穿 DN1200 高压给水管道，管道公称直径 1200mm，壁厚 15cm，与隧道最近的距离仅有 8.9m。给水管线与隧道走向一致，管道埋深为 2.8m。由于管道为混凝土承插式接头，水泥胶圈接口，脆性大，在施工建设过程中的多次爆破振动作用下可能导致该管线损坏，影响居民供水，造成隧道施工停滞（邵煜，2008）。因此，本工程光面爆破开挖方案采用大直径中空孔直眼掏槽，掏槽眼深度 0.9m，炮孔直径 40mm，循环进尺 0.75m，对隧道光面爆破过程中产生的负面振动效应进行合理控制。

根据爆破设计方案，采用大直径中空孔直眼掏槽的爆破技术，掏槽孔深度 0.9m，循环进尺 0.75m，中空孔自由面能较大程度地减少岩石的夹制作用。采用的中空孔直径越大，掏槽效果越好，中空孔孔径选择 150mm 的大孔径，水平布置，一次钻凿深度为 7~10m，其他炮孔直径为 40mm。掏槽孔以中空孔为中心，四个掏槽孔及四个扩槽眼环形分布，掏槽孔参数如图 4.2 所示。为减小对管道的影响，同时达到预期的掏槽爆破效果，掏槽单孔装药量为 0.38kg，炸药总药量 16.3kg，单耗为 1.44kg/m³，爆破共分三次，按照顺序Ⅰ、Ⅱ、Ⅲ依次起爆,炮孔布置图具体见图4.3,图中阿拉伯数字表示雷管段别,罗马字母表示开挖炮次。

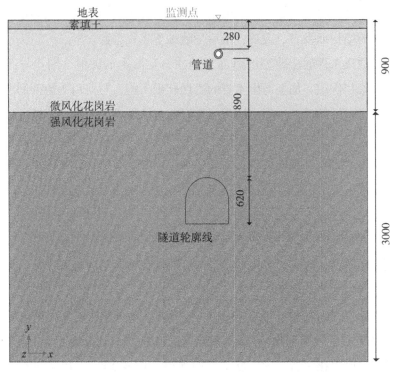

图4.1 DN1200高压给水管线与隧道走向位置关系图(单位:cm)

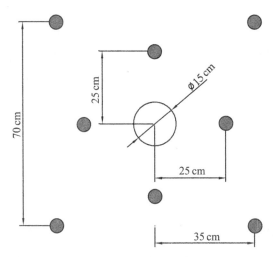

图4.2 掏槽眼布置示意图

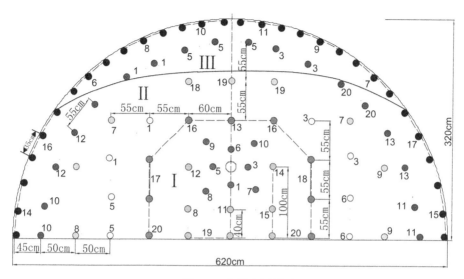

图 4.3 炮眼布置图

4.3 显式动力数值模拟参数及验证

4.3.1 模型尺寸及边界条件

为进一步分析隧道爆破开挖振动作用下混凝土给水管道的动力响应特征，采用 ANSYS/LS-DYNA 数值模拟方法进行爆破动力响应计算分析。模型采用 3DSolid164 单元，高压给水管道埋在强风化花岗岩中亚带内，素填土厚度为 1m，管道埋深约 2.8m，隧道上台阶宽度为 6.2m，高度为 3.2m，为减少模型边界效应的影响，根据圣维南定理，模型尺寸大于 3~5 倍的隧道洞径，模型整体尺寸设置为 48m×39m×20m（图 4.4）。模型材料包括炸药、微风化花岗岩以及堵泥，采用 ALE 网格划分（常向阳等，2004），土壤、高压给水管以及强风化花岗岩采用 Lagrange 网格划分，管道与强风化花岗岩之间不考虑流固耦合作用。高压给水管满水工作状态下，采用 ALE 算法，考虑水与高压给水管道之间的流固耦合作用（冯卫民等，2009）。计算采用 cm-g-μs 的单位制，整个模型土壤顶部、大直径中空孔孔壁以及已开挖隧道面采用自由边界，其他所有界面均为无反射边界（李晓勇等，2014）。为避免爆破地震波的畸变，网格尺寸应小于地震波波长的 1/6~1/12，根据网格敏感性分析，模型网格设置为 20cm。同时，采用面面自动接触来模拟管道与岩土体之间的接触,面面自动接触采用罚函数算法,能较好模拟管道与岩土体的接触关系。

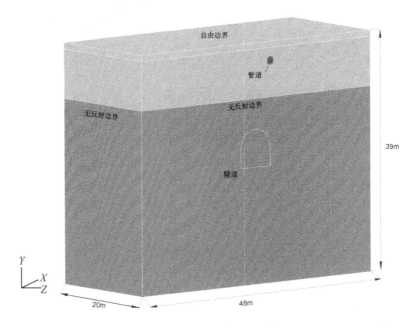

图 4.4　数值计算模型和边界条件

4.3.2　本构模型及计算参数

模型所包括的参数有炸药、素填土、混凝土水管、微风化花岗岩、堵泥、强风化花岗岩以及水。在青岛地铁爆破工程中常使用乳化炸药以及水胶炸药,岭-清区间隧道爆破开挖采用2号岩石乳化炸药,数值模拟中,使用 *MAT_HIGH_EXPLOSIVE_BURN 材料关键字模拟2号岩石乳化炸药,在爆炸过程中,炸药伴随着快速的化学反应,此过程可以用多种状态方程来描述。2号岩石乳化炸药具体参数见表4.1。

表 4.1　　　　　　　　　　炸　药　参　数

密度(g/cm³)	爆速(m/s)	爆压(GPa)	A(GPa)	B(GPa)	R_1	R_2	E_0(GPa)
1.09	3600	3.24	214.4	18.2	4.15	0.95	4.26

炸药爆轰过程中压力和比容的关系采用 JWL 状态方程描述(赵铮等,2009),JWL 状态方程是一种高能燃烧模型,利用实验获得的参数来描述炸药爆炸化学反应过程,可预测大范

4.3 显式动力数值模拟参数及验证

围的爆炸压力。采用 JWL 状态方程表示炸药爆轰过程中压力与比容的关系如下：

$$P = A\left(1 - \frac{\omega}{R_1 V}\right) e^{-R_1 V} + B\left(1 - \frac{\omega}{R_2 V}\right) e^{-R_2 V} + \frac{\omega E_0}{V} \quad (4.1)$$

式中：A、B、R_1、R_2、ω 为材料常数；P 为压力；V 为相对体积；E_0 是初始比内能。

强风化、中风化花岗岩以及堵泥均采用 MAT_PLASTIC_KINEMATIC 材料模型，该模型适用于模拟各向同性和动态硬化塑性材料，并考虑了应变率效应，十分适合模拟动态冲击作用下岩体材料的本构关系。MAT_PLASTIC_KINEMATIC 关键字的应力应变关系式如下式所示。

$$\sigma_Y = \left[1 + \left(\frac{\varepsilon}{C}\right)^{\frac{1}{P}}\right](\sigma_0 + \beta E_P \varepsilon_P^{\text{eff}}) \quad (4.2)$$

式中：σ_Y 屈服应力；σ_0 为初始屈服应力；ε 为应变率；C 和 P 时是变率参数，$\varepsilon_P^{\text{eff}}$ 为有效塑性应变；E_P 是塑性硬化模量；β 是硬化系数。

土体采用 MAT_ELASTIC_PLASTIC_HYDRO_SPALL 材料模型，其材料模型描述的是弹塑性流体动力学模型（蒋楠等，2011），本构关系可表示为

$$\sigma_y = \sigma_0 + E_h \bar{\varepsilon}^p + (a_1 + p a_2) \max[p, 0] \quad (4.3)$$

式中：σ_0 为材料初始屈服应力；σ_y 为材料的屈服应力，都以等效应力来表示；$E_h = \frac{E_t E}{E - E_t}$ 为塑性强化模量；$\bar{\varepsilon}^p$ 为等效塑性应变。

DN1200 给水混凝土管道采用 MAT_JOHNSON_HOLMQUIST_CONCRETE 材料模型（蔡清裕等，2003），该模型综合考虑了大应变、高应变率、高压效应，其等效屈服强度是压力、应变率及损伤的函数，而压力是体积应变的函数，本构方程为

$$\sigma^* = [A(1 - D) + B p^{*n}](1 + c \ln \dot{\varepsilon}^*) \quad (4.4)$$

式中：A、B、n 为材料常数；$\sigma^* = \sigma/f$ 是实际等效应力与静态屈服强度之比；$p^* = p/f$ 是无量纲压力；$\dot{\varepsilon}^* = \dot{\varepsilon}/\dot{\varepsilon}_0$ 是无量纲应变率，损伤因子 D（$0 \leq D \leq 1$）。

所有材料物理力学参数见表 4.2~表 4.5。

表 4.2 土壤物理力学参数

密度（g/s）	剪切模量（MPa）	塑性硬化模量	压力截止	有效塑性应变	碎片类型
1.8	4.0	0	7.03×10^{-6}	1.2	3

表4.3 管道物理力学参数

密度（g/cm³）	2.4	应变硬化指数 N	0.61
剪切模量（GPa）	12.3	准静态单轴压缩强度 f_c（MPa）	24
应变率系数 C	0.007	最大拉伸流体静压 T（MPa）	2.7
归一化黏结强度 A	0.79	参照应变率 ε_0（s⁻¹）	1×10^{-6}
归一化黏性强度 B	1.6	断裂前最小塑性应变 ε_{min}	0.01
归一化最大强度 s_{max}	7	损伤常数 D_1	0.04
压碎压力 p_c（MPa）	8	损伤常数 D_2	1.0
压碎体积应变 μ_c	5.6×10^{-4}	损伤常数 K_1（GPa）	17.4
压密压力 p_l（GPa）	1.05	损伤常数 K_2（GPa）	38.8
压密体积应变 μ_l	0.1	损伤常数 K_3（GPa）	29.8

表4.4 微风化花岗岩物理力学参数

密度（g/cm³）	泊松比	弹性模量（GPa）	屈服强度（MPa）	切线模量（MPa）
2.6	0.25	52	60	20

表4.5 堵泥物理力学参数

密度（g/cm³）	泊松比	弹性模量（GPa）	屈服强度（MPa）	切线模量（MPa）
1.9	0.35	11	6	0.2

模型中水采用关键字 *MAT_NULL 定义，状态方程采用关键字 *EOS_GRUNEISEN，其形式为

$$P = \frac{\rho_0 c^2 \mu \left[1 + \left(1 - \frac{\gamma_0}{2}\right)\mu - \frac{a}{2}\mu^2 \right]}{\left[1 - (S_1 - 1)\mu - S_2 \frac{\mu^2}{\mu+1} - S_3 \frac{\mu^3}{(\mu+1)^2} \right]^2} + (\gamma_0 + a\mu)E, \quad \mu > 0 \quad (4.5)$$

$$P = \rho_0 c^2 u + (\gamma_0 + a\mu)E, \quad \mu > 0 \quad (4.6)$$

式中：c 为水中声速；$\mu = \rho/\rho_0 - 1$，ρ 为扰动后水密度，ρ_0 为水初始密度，E 为比内能；γ_0 为 GRUNEISEN 系数；S_1、S_2、S_3 为 $V_S - V_P$ 斜率系数；a 为体积修正系数。计算时具体输入参数见表4.6。

表4.6 水材料模型参数

密度（g/cm³）	声速（m/s）	S_1	S_2	S_3	γ_0
1.0	1500	2.56	1.986	1.2268	0.5

4.3.3 现场振动监测及数值模拟可靠性分析

爆破施工现场考虑到高压给水管道出现破坏可能带来的水患影响，前几次爆破时暂停给水管道供水，管内无压力。因现场不能将给水管道上方覆土挖开而直接监测管道振动，所以将仪器布置在管道正上方地表，现场监测布点如图4.5所示，试验中采用TC-4850爆破振动速度监测仪，其三矢量低频振动速度传感器集X、Y、Z轴三个方向一体，并配备相应三矢量合成分析软件，传感器管道底部纵向布设，布设位置见图4.5，并通过信号输入抗干扰接头与TC-4850监测仪相连。该仪器振动速度监测量程为0.001~35.4cm/s，其范围能完全覆盖并采集到此次爆破试验管道内的振动速度数据。同时，该仪器所监测的爆破振动频率范围为1~500Hz，涵盖了此次的爆破试验振动频率。每次爆破时将3台爆破振动监测仪器布置在管道正上方地表1、2、3号点，其中2号监测点在爆源及管道正上方地表。两监测点之间间距4m，共进行3次爆破振动监测，采集管线在水平轴向、水平切向以及垂直方向的振动数据，爆破监测数据见表4.7。现场采集完数据，在确认爆破振动较小时，及时恢复管道供水。

表4.7 地表监测数据

循环炮次	监测点号	振动速度（cm/s）			矢量合成速度V
		最大垂直分量V_1	最大切向分量V_2	最大轴向分量V_3	
a	1	0.351	0.180	0.190	0.430
	2	0.450	0.430	0.610	0.871
	3	0.351	0.180	0.190	0.438
b	1	0.432	0.210	0.220	0.528
	2	0.633	0.274	0.634	0.935
	3	0.751	0.100	0.180	0.779
c	1	0.458	0.269	0.157	0.554
	2	0.471	0.590	0.440	0.874
	3	0.191	0.140	0.160	0.286

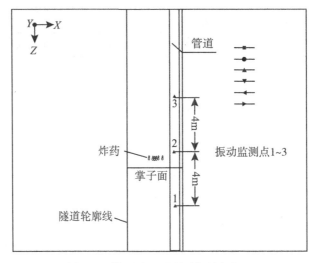

图 4.5 模型平面图监测点所在位置

将实测数据与本次数值模拟所得的结果进行分析比较，数值模拟结果显示地表最大振速点为 2 号点，振速为 0.849cm/s。对比 1、2、3 号点模拟与实测结果，与实际工程测得的结果较为吻合，所以本次数值模拟研究爆破作用下高压给水管线的动力响应是可行的。图 4.6 为管道正上方地表振速的数值模拟结果与实测结果对比图。

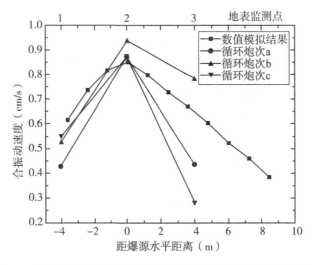

图 4.6 管道正上方地表振动速度数值模拟结果与实测结果对比图

如图 4.6 所示，地表振速随着距爆源的距离增加而逐渐减小，速度最大点出现在与爆源同一横截面上的 2 号监测点，整个隧道中未出现空洞效应。由此可知，在爆破振动作用下，2 号监测点所在横截面上的管道和管道正上方地表振动速度最大，动力响应最强烈，使得两者成为管道受爆破作用下研究的重点。

4.4 给水管道动力响应特征

4.4.1 空管状态下动力响应

爆源正上方管道横截面为爆破应力波作用下最危险点，该截面的振动响应对评估管道安全可靠性至关重要。为进一步分析爆破作用下混凝土管道动力响应特征，分别选取沿管道纵向质点振速以及监测点 2 所在横截面的管道剖面质点峰值振动速度（PPV）和峰值有效应力（PES），在数值模拟中，利用有效应力来评估管道的安全性，有效应力是根据塑性理论中最适用于延性材料的 Von Mises 屈服准则得到的。根据该准则，屈服前材料的响应可以假定为非线性弹性、黏弹性或线弹性行为。由于 Von Mises 屈服准则独立于第一应力不变量，且适用于分析塑性材料，如混凝土的塑性变形，因为这些材料的屈服开始不依赖于应力张量的流体静力分量。所以，峰值质点速度（PPV）和峰值有效应力（PES）可以较好地描述混凝土 JHC 模型在爆破荷载作用下的响应。

分析爆心所在平面对应的管道断面一周各质点振速，以管道正右方为极坐标零度方向，逆时针每隔 22.5°选取质点振速及有效应力（图 4.7），图 4.8、图 4.9 分别为爆源所在剖面对应的管道断面环向各质点振速及有效应力极坐标图，图 4.10 为管道底部轴向质点合振速随爆心距离变化曲线。

从图 4.8 中可以看出，在爆破振动作用下，管道断面质点振速表现为底部最大，中部次之，顶部最小的特征，管道底部质点峰值振速达为 2.5cm/s，达到顶部振速的 1.34 倍。

由图 4.9 可知，管道迎爆面有效应力大于背爆面有效应力，且大小分布规律与质点峰值振速相似，管道断面质点最大有效应力为 0.315MPa，达到顶部峰值有效应力的 1.36 倍。

由图 4.10 可知，在沿着管道轴线方向，爆源所在平面对应管道底部的质点振速最大，并随着爆心距的增大，管道质点振速逐渐减小。

取爆源所在横剖面管道正上方地表位置为原点，负方向表示已开挖区域，正向表示未开挖区域（图 4.11）。随着距爆心距离的增加，地表质点振速逐渐减小，且负方向（已开挖区域）衰减速率小于正方向（未开挖区域）。

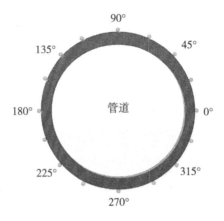

图 4.7 爆源正上方管道横截面

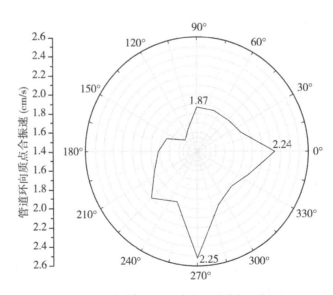

图 4.8 管道断面质点合振速分布极坐标图

4.4 给水管道动力响应特征

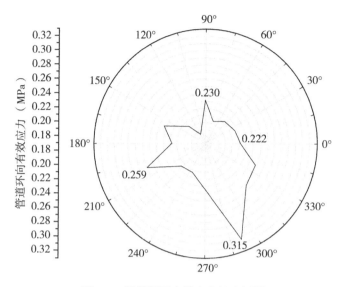

图4.9 管道断面有效应力极坐标图

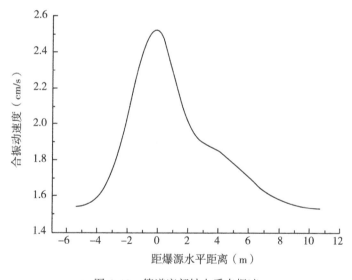

图4.10 管道底部轴向质点振速

4.4.2 满水无压状态下动力响应

管道空管状态时，为保证爆破作用下管道运营安全，爆破前三次将管道暂停给水。现场监测数据及动力数值有限元计算结果表明，管道正上方地表及管道振动速度较小，爆破振动作用对空管状态下管道的运营影响可忽略不计。因此，不再使管道处于停运状态，将管道运营使其处于满水状态，但管道内水压调至接近于零，此时，管道可视为满水无压状

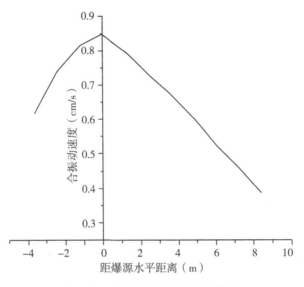

图 4.11　土壤表面质点振速分布图

态。在此种状态下，进行相同的地表爆破振动速度监测。监测结果表明，地表最大振动速度仍出现在 2 号监测点，其峰值达 0.825cm/s。

根据现场光面爆破方案，建立隧道爆破开挖作用下管道满水无压状态动力响应数值模型，其模型尺寸、材料参数、边界条件及网格尺寸与管道空管状态下的数值模型设置一致，但管道中建立水的模型，管道不含内压，如图 4.12 与图 4.13 所示。考虑管道与水之间的接触，使用带罚函数算法的 AUTOMATICA_SURFACE_TO_SURFACE_CONTACT 关键字模拟管道与水，管道与岩土体的接触，使用流固耦合算法（Fluid-Solid Interaction）与 *CONSTRAINED_LAGANGE_IN_SOLID 关键字模拟水与管道之间的流固耦合作用，数值模拟中监测计算管道满水无压状态受爆破应力波作用下的振动速度与有效应力。

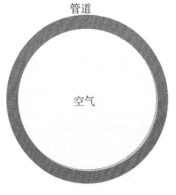

图 4.12　管道无水状态

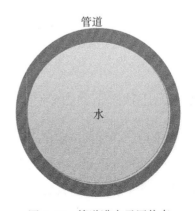

图 4.13　管道满水无压状态

根据数值模拟结果,爆源正上方管道横截面的振动速度与有效应力最大,其振动速度与有效应力由爆源正上方点逐渐向管道两端递减,与管道空管状态一样,爆源正上方管道截面为管道满水无压状态下受隧道爆破开挖应力波作用下的最危险点。提取爆源正上方管道横截面粒子振动速度与有效应力,其分布如图 4.14 与图 4.15 所示。

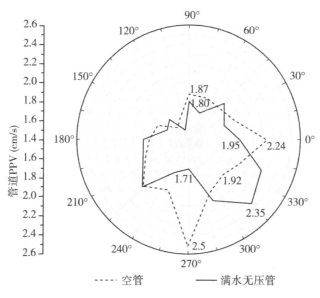

图 4.14 管道最危险截面合振动速度分布图

由数值模拟计算结果可知,地表 2 号监测点的粒子峰值振动速度为 0.863cm/s,与实际工况中管道满水无压状态下所测管道粒子峰值振速 0.825cm/s 十分接近,因此,管道满水无压状态下的数值模拟及其结算结果较为准确。由图 4.14、图 4.15 可知,爆源正上方管道截面底部粒子峰值振速为 2.35cm/s,迎爆侧点的最大有效应力为 0.234MPa,管道迎爆侧有效峰值应力大于背爆侧。与管道空管状态相比,爆破应力波作用下满水无压管道的振动速度与有效应力略有下降。显然,管道中水的存在减小了爆破应力波对管道的作用效果,降低了管道的动力响应,有利于管道的保护。现场观测与数值模拟结果表明,中空孔爆破开挖作用下上伏满水无压状态管道未发生破坏及泄漏,管道安全。

为解释管道中水的存在对管道动力响应特征的影响,重点考虑管道自振频率与爆破应力波激励频率的相关关系。流固耦合作用是指两相介质之间的相互作用:在流体荷载的作用下,变形的固体会发生变形或移动;反之,固体的变形和运动会影响流体,从而改变流体荷载的分布和大小。非连续变形分析(DDA)方法常用于分析基于平面波加水的水与结构之间的相互作用(Wu et al.,1993;Daddazio et al.,1989;Libersky et al.,1993)。目

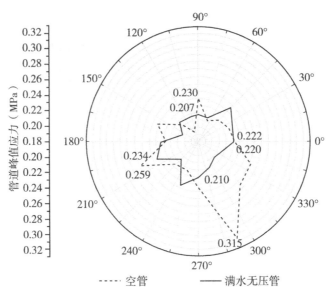

图 4.15 管道最危险截面峰值有效应力分布图

前关于管道或储液罐在充满液体或空管状态下的动力响应研究均是基于现场试验及监测进行的（路胜卓等，2011；Zhang et al.，2015；Lu et al.，2007）。陈洋等（2018）利用 ANSYS/LS-DYNA 结合流固耦合算法分析了储油罐在不同液体高度下的不同响应，建立了罐壁振动速度与液体高度之间的关系。同时还计算了储油罐在不同主导振动频率下的不同响应。在空罐或流固耦合模型罐的前 20 阶自振频率较低的情况下，随着爆破振动频率的降低，罐壁表面的例子峰值振速呈下降趋势。由于爆破荷载远大于储油罐自振频率，则不能用"爆破振动主频与固有频率越接近，结构物响应越剧烈"这一结论分析储油罐的响应与爆破主频之间的关系。

本章结合 ANSYS 有限元软件进行模态分析，计算了管道在空管与满水无压状态下的自振频率。如图 4.16 与图 4.17 所示，长度为 5m 的充液管道自振频率略低于空管（空管状态一阶自振频率为 84Hz，满水无压管道一阶自振频率 78Hz），模态分析结果与许多文献研究结论一致。相关研究表明，不同尺寸埋地管道自振频率接近 100Hz（喻萌，2007），爆破振动主频大多集中在 10~30Hz，部分频率高达 50Hz（钱七虎等，2004），但仍远小于埋地管道自振频率。因此爆破振动主频与结构固有频率越接近，结构响应越强烈的相关结论，不能解释管道满水无压状态下自振频率降低，管道受应力波作用下振动响应也降低的现象。

管道中水的存在降低了爆破应力波作用下管道动力响应，可解释为管道中水的存在会

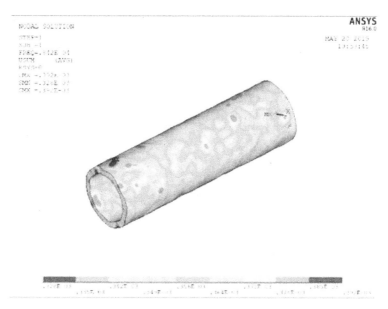

图4.16 管道空管状态下模态分析（单位：×10⁶Hz）

图4.17 管道满水无压状态下管道模态分析（单位：×10⁶Hz）

产生附加质量效应，冲击荷载不仅对管道做功，对管道中的水也做功。管道中水的静水压力与振动可吸收、消解爆炸冲击能量。容器中的液体可以提高结构的抗爆能力，防止结构变形和破坏，这一结论在很多文献中都有论述，但相关结论均是通过实验直接测得的，缺乏理论上的解释。充液管道在外力冲击荷载作用下的流固耦合的理论分析比较复杂，本书不作讨论，相关性分析将在后续的研究中进行。

4.4.3 0.2MPa 内压管道动力响应

数值模拟及现场观察发现隧道爆破开挖作用下管道在空管与满水无压状态下均未受到损伤，处于安全状态，为最大程度地减少管道不正常供水状态对居民的影响，将管道调设为正常运营状态，管道内压为 0.2MPa。

根据现场光面爆破方案，建立隧道爆破开挖作用下管道满水内压 0.2MPa 状态的动力响应数值模型，其模型尺寸、材料参数、边界条件及网格尺寸与管道空管状态下的数值模型设置一致，但管道中建立水的模型，且设置管道内部压力为 0.2MPa，在模型设置时，管道的工作压力可以等效为沿管道径向方向施加在管道内壁单元上的均布荷载，如图 4.18 所示。现场仍监测管道与前两种状态相同位置的地表振动速度，监测结果表明地表最大振动速度出现在 2 号监测点处，其质点峰值振速为 0.956cm/s。

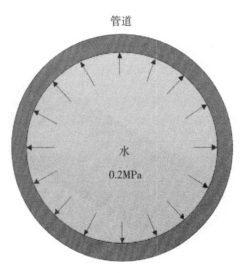

图 4.18 管道满水 0.2MPa 内压

同样，数值模拟计算结果表明，爆源正上方管道横截面的振动速度与有效应力最大，其振动速度与有效应力由爆源正上方点逐渐向管道两端递减；与管道空管和满水无压状态一样，爆源正上方管道截面为管道满水 0.2MPa 状态下受隧道爆破开挖应力波作用的最危险点。提取爆源正上方管道横截面粒子振动速度与有效应力，如图 4.19 与图 4.20 所示，与管道空管状态及满水无压状态相比，管道的粒子峰值振速与峰值有效应力显著增加，隧道爆破开挖作用下管道正常工作状态为最不利工况。爆源正上方管道截面最大峰值振速为 7.55cm/s，最大有效应力为 1.47cm/s。管道迎爆侧的动力响应强于管道背爆侧动力响应，正常工作状态下管道的动力响应特征与空管状态下管道的动力响应特征相同。

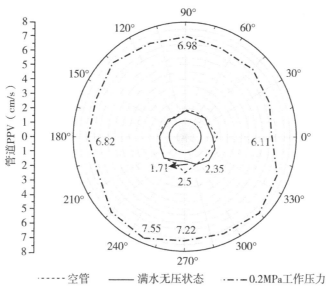

图 4.19 运营管道最危险截面合振动速度分布

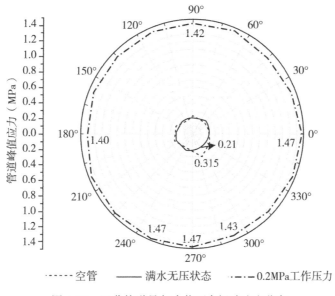

图 4.20 运营管道最危险截面合振动速度分布

如图 4.19 与图 4.20 所示，数值模拟结果表明爆源正上方地表粒子峰值振速最大，达到 0.85cm/s，与现场实际监测振动速度结果一致。爆破应力波作用下正常工作管道上方地表粒子峰值振动速度与满水无压及空管状态下的 PPV 接近。由此可以看出，通过监测地表速度无法反映管道不同工况变化所引起的不同动力响应。

正常工作状态下受爆破振动作用的管道最大有效应力为 1.47MPa，低于动态极限抗拉强度 2.01MPa。在正常工作状态下，管线在爆破作用下是安全的。现场观测和数值模拟结果表明，管道未发生损坏和泄漏。结果表明，隧道爆破开挖所采用的中空孔掏槽爆破方法控制了爆破振动，有利于管道保护。

4.5 爆破振动速度控制阈值

为减小隧道爆破作业对上伏埋地管道的影响，需要对管道在爆破应力波作用下的动力响应及损伤机制进行研究，建立相关爆破安全判据。但实际工程中，由于管道无法进行开挖监测，只能对管道正上方地表振动速度进行监测，考虑实际情况，本章建立空管状态下管道爆破安全判据。

管道正上方地表距爆源距离相同的已开挖区域与未开挖区域，已开挖区域地表质点振动速度略大于未开挖区域，在保证安全的前提下，为确定爆破振动作用下管道的安全振速时地表对应的振速，统计了未开挖区域沿管道轴线方向上管道底部质点以及其对应正上方地表质点的振动速度，选取了 11 组数值，对两者关系进行了线性拟合。图 4.21 为管道断面最大振动速度与地表振动速度的关系曲线。

可得：

$$V_G = 0.2V_P + 0.37 \quad (4.7)$$

式中：V_G 管道断面最大振动速度；V_P 为管道正上方地表振动速度，单位为 cm/s。

在管道单元上分别选取此单元受爆破荷载作用下产生的峰值拉应力以及最大振动速度，沿管道不同断面不同位置共选取 14 个单元，统计管道振速与其峰值拉应力之间的关系。

图 4.22 给出管道峰值拉应力与管道峰值振速的统计关系，有

$$\sigma_t = 0.103 \text{PPV} + 0.029 \quad (4.8)$$

式中：PPV 为管道质点峰值振速，cm/s；σ_t 为管道峰值有效应力，MPa。

传统的材料强度计算理论常假设材料为均质、连续体，但事实上，钢筋混凝土管道的失效是因管道表面的宏观裂缝受外界荷载作用发生扩展而造成的。因混凝土材料受拉强度低的特性，混凝土管道受爆破振动荷载作用下，其表面宏观裂缝受拉应力大于裂缝抗裂强

4.5 爆破振动速度控制阈值

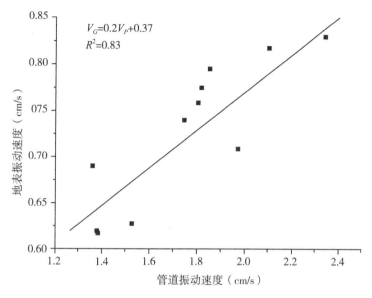

图4.21 管道振速与地表振速拟合曲线

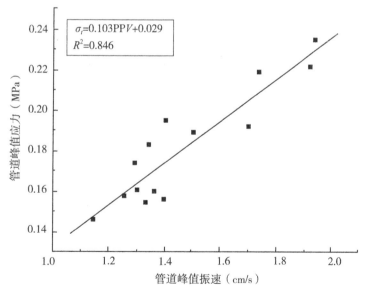

图4.22 管道峰值拉应力与管道峰值振动速度统计关系

度时,管道发生扩展而破坏。

裂缝出现扩展的判据为

$$K_1 \leqslant K_{1C} \tag{4.9}$$

式中:K_1为裂缝尖端应力强度因子;K_{1C}为该材料断裂韧度。

参考断裂力学文献,有

$$K_1 = Y\sigma\sqrt{\pi\alpha} \tag{4.10}$$

式中:$Y = \sqrt{\dfrac{L}{\pi\alpha}\tan\dfrac{\pi\alpha}{L}}$ 为裂缝几何形状因子;α 为裂缝长度;$\sigma = \dfrac{R_p L}{A_0}$;$A_0$ 为等效混凝土面积,R 为管道内径,L 为管道长度,P 为抗裂强度。

对于混凝土管道来说,其 K_{1C} 值具有尺寸效应,根据 Weibull 脆性破坏统计理论,按下式进行尺寸效应换算:

$$K_{1C}^L = K_{1C}^S \left(\frac{W_L}{W_S}\right)^{\frac{1}{2}} \left(\frac{V_S}{V_L}\right)^{\frac{1}{\alpha}} \tag{4.11}$$

式中:K_{1C}^L 为混凝土大试件断裂韧度;K_{1C}^S 为混凝土小试件断裂韧度;W_L、W_S 为试件截面高度;V_S、V_L 为试件体积;α 为 Weibull 分布的形状参数,取 10。K_{1C}^S 可由下式计算:

$$K_{1C}^S = 0.8 f_c = 9 f_t \tag{4.12}$$

式中:f_c 为尺寸 20cm×20cm×20cm 试块立方体抗压强度;f_t 为劈裂强度,联立式(4.9)～式(4.12),则钢筋混凝土压力管道抗裂计算公式为

$$p = \frac{A_0 K_{1C}}{RL\sqrt{L\tan\dfrac{\pi\alpha}{L}}} \tag{4.13}$$

式中:R 为管道内径;L 为管道计算长度(一般取 1000mm);α 为管道中一轴向穿透裂缝的长度。根据本工程情况,管道内径 $R = 600$mm,管道壁厚 $t = 75$mm,由式(4.13)可算得管道抗裂强度为 1.62MPa。

根据相关文献(蒋楠等,2011)研究结果表明,材料抗拉极限强度与动抗拉极限强度之间存在如下关系:

$$\sigma_t = \sigma_{t0}[1 + 0.121\lg(v_H)] = \overline{K}_D \sigma_{t0} \tag{4.14}$$

式中:σ_t 为动力抗拉强度;σ_{t0} 为静抗拉强度;v_H 为加荷速率,$v_H = \sigma_H/\sigma_l$,σ_H 为任意加荷速度($\sigma_H > 1$),σ_l 为加载速率,取 $\sigma_l = 0.1$MPa/s;$\overline{K}_D$ 为动力强度提高系数。

爆破地震波作用下岩石加荷速度可达 106MPa/s,一般情况下岩石隧道加荷速度为 10～103MPa/s,则可得:

$$\overline{K}_D \in (1.24, 1.48) \tag{4.15}$$

最终得到管道动抗拉极限为静载作用下抗拉极限的 1.24～1.48 倍,则管道动载作用下的抗拉极限判据为 2.01MPa。

管道受爆破荷载作用时管道最大有效应力为 0.315MPa,远低于混凝土管道 2.01MPa

的抗裂强度，则前3次爆破施工下，混凝土管道受到爆破作用时是安全的。

根据混凝土管道抗拉强度，由混凝土最大拉应力强度理论、管道峰值有效应力和峰值振速关系［式（4.8）］，可得到管道爆破振动控制峰值为14.8cm/s。再依据管道振速与对应正上方地表振速关系［式（4.7）］，可得到地表爆破振动控制峰值为3.32cm/s。即可方便地通过监测管道地表振速来反映管道在爆破振动下的安全情况，这为类似工程提供了确定地表控制振动速度的方法。

4.6 本章小结

为评估下穿管道隧道爆破施工对上伏埋地管道的动力响应及安全可靠性影响，本章以青岛地铁3号线岭-清段的下穿给水管道隧道爆破工程为例，采用现场管道正上方地表振动速度监测及LS-DYNA数值动力有限元计算方法分析隧道爆破开挖作用下管道在空管状态、满水无压状态及满水0.2MPa正常运营状态下的动力响应特性，评估当前爆破开挖方案作用下管道安全并建立相关爆破安全判据，得到以下结论：

（1）由数值模拟计算结果表明，爆源正上方管道截面的振动速度最大，并由此向管道两端递减，管道横截面中最大振动速度出现在管道底部，管肩较小，管道顶部最小。隧道正上方地表最大振动速度出现在爆源正上方，其衰减规律与管道一致，并呈现线性关系。

（2）在现有中空孔掏槽爆破方案下，三种不同状态（空管状态、满水无压状态、0.2MPa内压运营状态）管道在隧道爆破开挖动力作用下均为安全状态。较之空管状态，当管道为满水无压状态时，管道受爆破作用动力效应最小，为管道最安全工况，管道0.2MPa内压下动力效应最大，为管道最危险工况。

（3）由于管道不能开挖揭露，导致不能直接分析管道动力响应，因此，建立了管道空管状态下峰值速度与其正上方地表峰值振速的统计关系，结合由最大拉应力强度理论得到该工况下管道爆破振动速度安全阈值为14.8cm/s，地表最大振动速度控制值3.32cm/s。

（4）管道中水的存在可以吸收和耗散爆炸应力波能量，在实际工程中，最大限度地减小管道的水压，有利于保护管道，减少临近爆破开挖施工对埋地管道的破坏，在不影响隧道施工效率及居民供水情况下保护管道安全。

第 5 章　城区地铁隧道下穿燃气管道爆破影响分析

5.1　概述

与给水管、污水管不同，一旦现有燃气管道在爆破振动的影响下破裂泄漏，将会产生危险的后果，严重影响人民生产、生活安全。燃气管道因受振动破坏后可能会产生二次爆炸危害，具有特殊性。而城市地铁隧道建设时下穿既有燃气管道的情况时有发生。目前，我国现有的标准规范中缺少针对城区埋地燃气管道的爆破振动安全控制标准。因此，研究下穿燃气管道爆破工程的振动效应对城市岩土工程的建设具有重要意义。

目前，针对燃气管道的振动响应以及安全性的研究已受到国内外相关学者的广泛关注。唐润婷等（2011）通过桥桩爆破，研究了临近燃气管道的振动响应。王栋等（2017）通过现场数据，利用数值模拟研究了爆破对临近管道的沉降影响。Jiang 等（2018，2019）利用现场监测和 ANSYS/LS-DYNA 研究了燃气管道下穿隧道爆破的动力响应。上述研究中的研究方法多集中于采用现场监测、数值模拟等手段。现场监测方法会造成资源极大的浪费，且现役燃气管道不便于对其进行开挖揭露，监测点的布置一般仅限制于管道上方地表。数值模拟技术虽然可以更直观地获得管道的爆破振动响应特征，但其计算模拟过程往往会经过大量简化，实际过程与工程现场有一定差距，计算结果的正确性、可靠性难以保证。

基于此，本章针对地铁隧道爆破施工下穿燃气管道工程，结合北京地铁 16 号线西北旺至马连洼站区段内爆破工程实际，通过现场爆破振动监测分析，采用动力有限元数值模拟分析方法，计算分析了地铁隧道开挖爆破作用下埋地燃气管道的爆破振动响应特征，并通过爆破振动现场监测数据验证了计算结果的可靠性。基于上述分析结果，通过对不同工况条件下隧道爆破振动作用对燃气管道影响的数值计算分析，讨论了管道上方表面土体、管道及管周土的振动响应特征，并提出了地铁隧道开挖爆破作用下管道爆破振动速度的预测模型。

5.2 隧道爆破工程概况

北京地铁 16 号线（以下简称"16 号线"），是北京地铁一条建设中的南北向骨干线，途经丰台、西城、海淀 3 个行政区。线路南起于丰台区宛平城站，经过北京丽泽金融商务区、西城三里河、国家图书馆、苏州街、永丰科技园区、海淀山后地区，北至海淀区北安河。线路全长 49.8km，全部为地下线，设 29 座车站和 2 座车辆基地（榆树庄停车场和北安河车辆段），如图 5.1 所示。

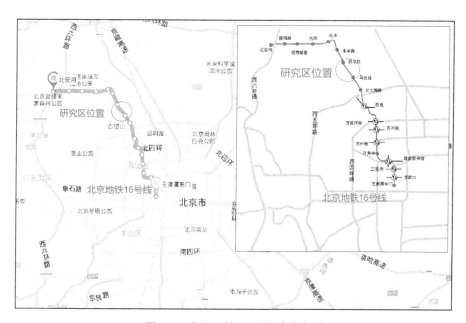

图 5.1 北京地铁 16 号线路分布图

北京地铁 16 号线西北旺至马连洼站（Xi-Ma）区段是本研究区段（图 5.1），该站区间隧道位于海淀区永丰路，地处市区内西部平原地带，地貌特征为冲、洪积平原，穿越永定河中上部洪积扇。区间全长 920m，隧道整体均为地下区间，区间存在一段中风化砂岩。由于其硬岩地层具有局部完整性好、抗压强度极高的特点，尝试采用劈裂机开挖、油炮机破除、静态爆破（化学膨胀炸药）、绳锯切割等非爆破开挖工法均无法满足技术和工期要求。为确保爆破施工中周边建筑物、管线及交通道路的安全，必须采用精细控制爆破开挖技术，以减小爆破振动，确保爆破安全，避免对施工周边环境造成影响。因此，拟采用钻爆法开挖方案。沿地面公路自北朝南掘进，区间设置一处风井及两处临时施工竖井。

该区段地势较平坦，区段内表层普遍分布新近沉积土层。土层下围岩以石英砂岩为主，层理、节理不发育，均质性较好，韧性较大，普氏系数 f 为 8~10。在区间风井位置存在一段侏罗系九龙山组基岩（J_2j），同时侵入区间风井、横通道及正线隧道。根据地勘报告，该段基岩的地质性状如下：中等风化砂岩，灰黑—灰绿色陆相碎屑及含火山碎屑沉积凝灰质粉砂岩，粉—细粒结构，中厚层状构造，少量巨厚层状，钙质—硅质胶结，岩质新鲜，坚硬，完整性较好，岩芯较破碎，节理裂隙发育，饱和极限抗压强度 162.89~217.30MPa。

区间硬岩段位于海淀区永丰路下方，沿线车流量较大。线路西侧主要建筑物为关帝庙，距隧道最近距离 46m；东侧主要建筑物为西山壹号院建筑群，距隧道最近距离 43m。区间硬岩段所经区域埋设大量管线，主要有雨水、污水、通信、电力、燃气、上水等。各种管线的主线基本沿道路走向敷设，与道路基本平行，部分管线侵入隧道范围内，位于隧道顶部，距隧道垂直距离 20m。其中隧道下穿球墨铸铁燃气管支线，隧道与铸铁管线垂直相交，隧道拱顶距离铸铁管线 18.7m，隧道与管线相对位置如图 5.2 所示，管道外直径 500mm，壁厚 100mm，埋深 2.3m。分析评估隧道开挖爆破过程中对该燃气管的影响是本章的主要研究目的。

爆破设计原则采用：①爆破开挖应遵守"弱爆破、微振动、短进尺、勤支护"的原则；②采用分步分台阶开挖顺序，严格控制爆破规模，以达到控制爆破质点振动速度的目的；③针对本工程特点，严格控制炸药单耗和单段最大药量，严格控制规模，通过工程类比法、计算法、现场试验法等方法选取合理爆破参数；④由于工程地质的不确定性，应先采取科学方法初选参数，再通过现场试验结果优化调整；⑤为避免超挖和欠挖，隧道爆破必须精确打孔，采用光面爆破，严格控制装药结构、线装药密度；⑥为保证工程质量和施工进度要求，起始阶段按 1.2m 进尺进行试验，然后根据爆破震动监测数据，实时调整进尺、装药量等设计方案；⑦普通地段采用导爆管起爆网路，敏感地段采用电子雷管降低爆破振动。

根据现场工程地质调查，设计隧道拱顶距地表 21m，断面呈马蹄形，隧道净高 6.4m，宽 6.3m，采用上下短台阶钻爆法进行施工。

根据现场施工爆破设计要求，隧道分上下两个台阶进行爆破开挖，采用 42mm 炮孔直径，设计循环进尺 1.0~1.2m。其中上台阶炮孔设计参数如下：采用斜孔楔形掏槽方式，中间钻四排掏槽孔，垂直深度 1.3m，周边采用光面爆破，孔深 1.2m，周边孔及拱部炮孔外插 2°~4°，采用电子雷管起爆网路，掏槽眼和周边眼 2ms 时差，辅助眼和底板眼 4ms 时差，精准延时逐孔起爆。合计 62 个炮眼，总装药 30kg，断面面积 18m²，炸药单耗 1.7kg/m³，炮孔利用率 85%。上台阶炮孔布置以及雷管延迟设计如图 5.3 所示，炮孔参数如表 5.1 所示。下台阶炮孔设计参数如下：水平钻孔，孔深 1.2m，排距 0.8m，孔距 0.9m，单孔装药

5.2 隧道爆破工程概况

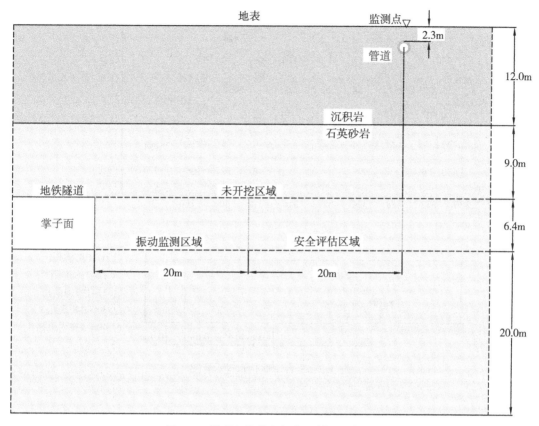

图 5.2 隧道与管线空间位置剖面示意图

量 0.4kg，不设置掏槽孔。底板眼孔距 0.7m，其他参数与上台阶参数一致。

表 5.1　　　　　　　　　　上台阶爆破参数

序号	炮孔名称	炮孔类型	炮孔深度（m）	数量	单孔装药量（kg）
1	掏槽孔 1	60°斜孔	1.5	6	0.9
2	掏槽孔 2	70°斜孔	1.5	6	0.9
3	辅助孔	垂直孔	1.2	20	0.6
4	底板孔	垂直孔	1.2	11	0.6
5	周边孔	垂直孔	1.2	19	0.3

注：钻孔合计 62 个，总装药量 30kg，断面面积 18m^2，炸药单耗 1.7kg/m^3，进尺 1.0m，炮孔利用率 80%。

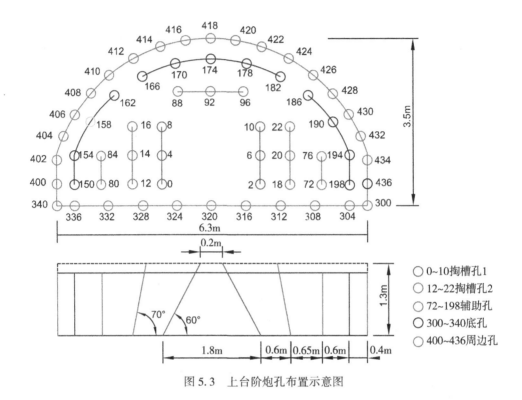

图 5.3 上台阶炮孔布置示意图

5.3 现场爆破振动测试及分析

根据现场隧道施工特点,为准确评估现有爆破开挖方式下爆破振动对燃气管线的影响,对距管道水平距离 20~40m 的地铁隧道区段(K14+494~K14+514)划分为爆破振动监测区,在此区段内的爆破施工进行振动监测分析;对距离管道水平距离 0~20m 的地铁隧道区段(K14+514~K14+534)划分为爆破振动安全评估区,如图 5.2 及图 5.4 所示。本次监测采用 Blastmate-Ⅲ 型爆破测振仪对地铁爆破施工振动进行监测,该仪器有 4 个通道(超声波和三维振动检波器),各通道采样频率为每秒采集 1024 个样本。振动拾波器量程 254mm/s;分辨率 0.0159mm/s,带内置式前置放大器;通频带为 2~500Hz。

Blastmate-Ⅲ 爆破测振仪作为目前全球最先进的振动监测仪,采用工控一体化设置,带有全封闭顶板、不生锈工业级连接器和密封电子元件,所有配件均安装在一个牢固、防水的外壳内。Blastmate-Ⅲ 监测仪是为在任何环境下即可使用的 Instantel Blastware © 高级模块 (Instantel Blastware © Advanced Module) 软件提供了对众多振动、过压传感器以及与结构和环境测量有关的传感器进行监视的能力。监测振动、周围环境条件和结构性裂纹的运动,都可在同一时间使用同一台 Blastmate-Ⅲ 监测仪进行监视。

本工程中,隧道下穿的燃气管支线(位于 K14+534 处)作为振动测试中的主要监控对象。但由于燃气管道埋于土体里,且燃气管道公司不允许开挖揭露管道进行监测,故测试过程中爆破测振仪布置在离爆源及燃气管道均最近的地表位置处(即为燃气管与隧道轴线交点的正上方的地表位置),如图 5.4 中监测点#1 位置,以此点振动结果表征燃气管道振动特点。每次隧道开挖爆破起爆破前,为保护燃气管道安全,对燃气管道内压进行关阀减压处置。同时,为保证监测的准确性,监测点位置布置三台爆破振动仪,统计结果时剔除异常数据求平均值。

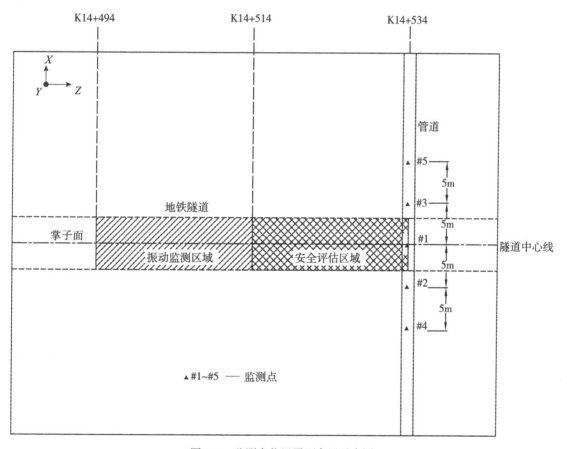

图 5.4 监测点位置平面布置示意图

5.3.1 爆破振动监测结果及分析

在隧道掘进过程中,对位于燃气管支线截面前 20~40m 的掌子面开挖爆破作业共进行

10次爆破振动现场实时监测，#1爆破振动监测点监测数据如表5.2所示。

表5.2　　　　　　　　　　　爆破振动监测点监测数据

爆破次数	与爆心水平距离（m）	爆源埋深（m）	最大单段装药量（kg）	最大振动速度（cm/s）			
				X	Y	Z	合振速
1	39.4	21	0.9	0.195	0.386	0.143	0.445
2	37.8	21	0.9	0.256	0.464	0.234	0.514
3	35.9	21	0.9	0.241	0.416	0.123	0.556
4	32.5	21	0.9	0.272	0.381	0.209	0.451
5	29.3	21	0.9	0.218	0.584	0.283	0.638
6	28.1	21	0.9	0.235	0.542	0.206	0.557
7	26.9	21	0.9	0.310	0.416	0.237	0.582
8	22.6	21	0.9	0.315	0.605	0.209	0.611
9	21.4	21	0.9	0.307	0.532	0.348	0.733
10	20.1	21	0.9	0.452	0.782	0.409	0.855

由表5.2可知，随着隧道掌子面逐渐掘进，爆源位置越趋近于管道位置，地表监测点#1的振动速度有所增大，其中X轴方向增幅为0.491cm/s，Z轴方向增幅为0.594cm/s，Y轴方向增幅为0.603cm/s；且随着爆破与管道位置的距离减小，Y轴方向（即垂直方向）的振速增幅最大。同时由现场试验测试数据，统计发现爆破振动垂直速度分量略大于X及Z轴方向速度分量，即Y轴方向速度分量对爆破地震起主要控制作用。

通过对监测数据的主频分析，发现频率为20~100Hz的数据占总数的95%左右，并且垂直竖向的地震波频率多数高于水平横向和纵向的地震波频率，三个方向上的主要振动频率集中在20~60Hz区间内，区间内隧道开挖爆破振动频率整体都比较大，而管线的自振频率在3~12Hz之间，明显小于爆破地震波的振动频率。因此该段隧道施工爆破所引起的振动难以与燃气管线产生共振，表明该区段振动频率对浅埋燃气管线的安全较为有利。

5.3.2 爆破振动衰减规律及预测模型

根据大量学者对爆破振动在岩体内的衰减规律的相关现场实测实验及数值模拟研究成果（Song，2009；Tang，Li，2011；Chen，2011；Jiang et al.，2017）：爆破地震波在岩土体内传播过程中，地震波的衰减受到爆源、传播路径介质条件（如岩土体性质、节理弱面等）、爆源距离等因素影响。而考虑地铁隧道爆破施工特点，隧道埋深（即爆源埋深）对爆破地震波在地面岩土体中的传播存在一定的影响。因此,爆破地震波在岩体介质中传播衰减所涉及的主要变量归纳结果如表 5.3 所示。

表 5.3　　　　　　地铁隧道爆破开挖地表振动涉及到的重要物理量

	变　　量	量　　纲
因变量	质点振动位移 μ	L
	质点振动峰值速度 v	LT^{-1}
	质点振动加速度 a	LT^{-2}
	质点振动频率 f	T^{-1}
自变量	炸药质量 Q	M
	测点与爆源之间的直线距离 r	L
	隧道爆破爆源埋深 d	L
	岩体密度 ρ	ML^{-3}
	振动波传播速度 c	LT^{-1}
	爆轰时间 t	T

注:L 为长度的量纲;T 为时间的量纲;M 为质量的量纲。

由量纲分析白金汉定理(π 定理)(Langhaar,1951),地表岩土体质点峰值振动速度 (v) 可表示为:

$$v = \Phi(Q, \mu, c, \rho, r, d, a, f, t) \tag{5.1}$$

根据 π 定理,其中独立量纲取为 Q、r、c,以 π 代表无量纲量,则有

$$\begin{cases} \pi = \dfrac{v}{Q^\alpha r^\beta c^\gamma}, & \pi_1 = \dfrac{\mu}{Q^\alpha r^\beta c^\gamma}, & \pi_2 = \dfrac{\rho}{Q^\alpha r^\beta c^\gamma}, \\ \pi_3 = \dfrac{d}{Q^\alpha r^\beta c^\gamma}, & \pi_4 = \dfrac{a}{Q^\alpha r^\beta c^\gamma}, \\ \pi_5 = \dfrac{f}{Q^\alpha r^\beta c^\gamma}, & \pi_6 = \dfrac{t}{Q^\alpha r^\beta c^\gamma} \end{cases} \tag{5.2}$$

式中:α,β 和 γ 为待定系数。根据量纲齐次定理,则有

$$\begin{cases} \pi = \dfrac{v}{c}, & \pi_1 = \dfrac{\mu}{r}, & \pi_2 = \dfrac{\rho}{Qr^{-3}}, \\ \pi_3 = \dfrac{d}{r}, & \pi_4 = \dfrac{a}{r^{-1}c^2}, \\ \pi_5 = \dfrac{f}{r^{-1}c}, & \pi_6 = \dfrac{t}{rc^{-1}} \end{cases} \tag{5.3}$$

把式 (5.3) 代入式 (5.1) 可得：

$$\frac{v}{c} = \Phi\left(\frac{\mu}{r}, \frac{\rho}{Qr^{-3}}, \frac{d}{r}, \frac{a}{r^{-1}c^2}, \frac{f}{r^{-1}c}, \frac{t}{rc^{-1}}\right) \tag{5.4}$$

由于不同无量纲数 π 的乘积和乘方仍为无量纲数，取 π_2，π_3，π_4 进行如下组合，得到新的无量纲数 π_7：

$$\pi_7 = (\pi_2^{\frac{1}{3}})^{\beta_1}\pi_3^{\beta_2} = \left(\frac{\sqrt[3]{\rho}\,r}{\sqrt[3]{Q}}\right)^{\beta_1}\left(\frac{d}{r}\right)^{\beta_2} \tag{5.5}$$

式中：β_1、β_2 分别为 π_2，π_3 的指数。

对于某一场地，ρ 和 c 可以近似为常数。因而，由式 (5.5) 可以认为 $v \sim \left(\dfrac{1}{Q^{1/3}r^{-1}}\right)^{\beta_1} \left(\dfrac{d}{r}\right)^{\beta_2}$ 具有函数关系。

综上所述，可将这函数关系写成：

$$\ln v = \left[\alpha_1 + \beta_1\ln\left(\frac{\sqrt[3]{Q}}{r}\right)\right] + \left[\alpha_2 + \beta_2\ln\left(\frac{d}{r}\right)\right] \tag{5.6}$$

令 $\ln v_0 = \alpha_1 + \beta_1\ln\left(\dfrac{\sqrt[3]{Q}}{r}\right)$，则有

$$\ln v_0 = \alpha_1 + \frac{\beta_1\ln Q}{3} - \beta_1\ln r \tag{5.7}$$

式中：α_1、α_2 分别为函数变换过程中给定的系数；$-\beta_1\ln r$ 表示爆破振动速度随距离 r 的衰减；β_1 为衰减指数，主要反映场地介质条件的影响；而 $\alpha_1 + (\beta_1\ln Q)/3$ 则综合反映了传播路径介质条件与炸药量对岩土体质点振动的贡献。

令 $\ln k_1 = \ln \alpha_1$，则有

$$v_0 = k_1\left(\frac{\sqrt[3]{Q}}{r}\right)^{\beta_1} \tag{5.8}$$

式 (5.8) 是不存在爆源埋深影响下地表基本平整地形条件的萨道夫斯基公式（萨氏公式）。把式 (5.8) 代入式 (5.6) 可得到：

$$\ln v = \ln v_0 + \left[\alpha_2 + \beta_2\ln\left(\frac{d}{r}\right)\right] \tag{5.9}$$

令 $\ln k_2 = \ln \alpha_2$，则式 (5.9) 可变为

$$v = k_1 k_2 \left(\frac{\sqrt[3]{Q}}{r}\right)^{\beta_1}\left(\frac{d}{r}\right)^{\beta_2} \tag{5.10}$$

令 $k = k_1 k_2$，则建立考虑隧道爆破埋深影响的地表土体爆破振动速度衰减规律的数学模型：

5.3 现场爆破振动测试及分析

$$v = k\left(\frac{\sqrt[3]{Q}}{r}\right)^{\beta_1}\left(\frac{d}{r}\right)^{\beta_2} \tag{5.11}$$

式中：k 为场地影响系数；β_1 为爆破振动衰减系数；β_2 为隧道爆破爆源深度影响效应系数。

对比式（5.8）和式（5.11）可知：地铁隧道爆破开挖爆破振动传播至地表过程中，其衰减规律受到隧道埋深（即爆源埋深）的影响。

根据上述分析结果，采用考虑隧道爆破埋深影响的地表土体爆破振动速度衰减规律的数学模型［式（5.11）］对表 5.2 中所列测试结果进行回归拟合分析，得到隧道开挖爆破地表土体爆破振动衰减规律的预测模型。同时为比较所建立的数学模型的合理性及准确性，与采用经典萨氏公式［式（5.8）］回归拟合得到的经验公式进行比较分析，并依据拟合曲线相关性系数评价两种经验公式对爆破振动速度的预测精度。分析结果如表 5.4 所示。

表 5.4　　地铁隧道爆破地表振动衰减规律预测模型

振动方向	经典萨氏公式 ［式（5.8）］	相关系数	隧道爆破地表振动衰减规律预测模型 ［式（5.11）］	相关系数
X	$v = 21.688\left(\frac{\sqrt[3]{Q}}{r}\right)^{1.210}$	0.609	$v = 146.865\left(\frac{\sqrt[3]{Q}}{r}\right)^{1.519}\left(\frac{d}{r}\right)^{1.336}$	0.657
Y	$v = 31.751\left(\frac{\sqrt[3]{Q}}{r}\right)^{1.149}$	0.578	$v = 60.852\left(\frac{\sqrt[3]{Q}}{r}\right)^{1.193}\left(\frac{d}{r}\right)^{1.026}$	0.608
Z	$v = 143.830\left(\frac{\sqrt[3]{Q}}{r}\right)^{1.784}$	0.567	$v = 148.948\left(\frac{\sqrt[3]{Q}}{r}\right)^{1.393}\left(\frac{d}{r}\right)^{2.481}$	0.632
合振速方向	$v = 32.505\left(\frac{\sqrt[3]{Q}}{r}\right)^{1.112}$	0.713	$v = 51.412\left(\frac{\sqrt[3]{Q}}{r}\right)^{1.126}\left(\frac{d}{r}\right)^{0.722}$	0.762

由表 5.4 可知：

（1）采用所建立的衰减规律数学模型［式（5.11）］对地表监测点爆破振动速度数据的拟合相关性系数均大于经典萨氏公式［式（5.8）］，表明在地铁隧道爆破振动在地表土体中的传播衰减规律更复杂，经典萨氏公式存在一定的局限性，而通过考虑爆源埋深的影响而建立的数学预测模型，能更好地反映地铁隧道爆破开挖爆破振动传播至地表过程中，其衰减规律受到隧道埋深（即爆源埋深）的影响。

（2）通过对地表监测点矢量叠加后的爆破振动速度进行回归分析，发现采用建立的数学预测模型得到的爆破振动速度衰减规律预测模型具有较高的预测精度,其相关性系数为0.762;同时矢量叠加后的爆破振动速度能够综合考虑各方向的振动速度大小,能更好地反映地表土体爆破振动速度响应特征。因此预测地铁隧道爆破地表振动时,可采用叠加后的爆破振动速度预测模型。即工程实际应用过程中,为预测地铁隧道爆破振动传播至地表土体时其质点振动速度,可采用以下预测模型:

$$v = 51.412\left(\frac{\sqrt[3]{Q}}{r}\right)^{1.126}\left(\frac{d}{r}\right)^{0.722} \tag{5.12}$$

5.4 管道动力响应数值计算分析及验证

为分析评估隧道爆破开挖对上方燃气管道的影响,依据地铁隧道爆破开挖工程实际,采用 ANSYS/LS-DYNA 动力有限元软件,建立地铁隧道掌子面开挖至管道水平距离 19m 时,开挖爆破振动作用下燃气管道动力响应数值计算模型。此时,爆破开挖已进入爆破振动安全评估区时(如图5.2、图5.3所示),燃气管道距隧道顶部垂直距离为21m。

5.4.1 数值计算模型的建立

根据现场爆破参数,上台阶掏槽孔的装药量大于其他炮孔,且其引起的爆破振动也大于其他炮孔,为此本章数值建模时只选取了12个掏槽孔进行分析。同时,为避免模型产生边界效应,将隧道底部至模型底部的距离大于隧道高度的3倍,将两个隧道的边缘到模型边缘的距离大于隧道宽度的3倍。模型材料包括土层、围岩、炸药、堵塞炮泥及球墨铸铁管道,采用 8 节点 SOLID164 实体单元建模,炸药、炮泥和围岩和土层采用欧拉网格划分,管道采用拉格朗日网格划分,土层与管道之间设置流-固耦合。为减少网格尺寸对模型结果的影响,并提高计算效率,对同一模型分别建立网格边长为 20cm、40cm、50cm、60cm、80cm 的模型并计算,结果显示网格大小在 40~50cm 时结果更符合实际。为真实反映管道与土体间的接触特性,将管道与土体接触部分设置为自动面面接触。建模时采用 cm-g-μs 单位制,采用多物质 ALE 算法求解。根据工程现场特点,计算模型顶面为自由约束边界条件,为了在边界实现能量传播和辐射,其他各面均采用无反射边界条件(Non-reflecting Boundary),数值模型尺寸及边界条件设定如图 5.5 所示。

数值计算参数的选取根据室内力学参数测试结果,并对研究范围的岩土体进行均质单一性简化,不考虑岩土体内部裂隙及弱面的影响。模拟过程中,沉积土层的材料模型采用 *MAT_SOIL_AND_FOAM 材料模型,石英砂岩、炮泥和球墨铸铁管道材料模型均选用 *MAT_PLASTIC_KINEMATIC 材料模型,其相关物理力学参数如表 5.5 所示。

5.4 管道动力响应数值计算分析及验证

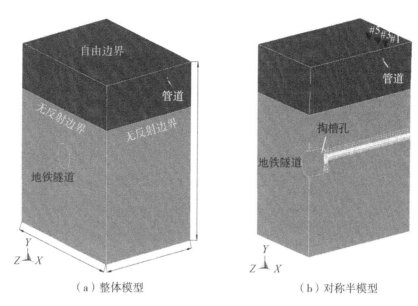

(a) 整体模型　　　　　　(b) 对称半模型

图 5.5　数值模型及边界条件

表 5.5　模型材料参数

参数	模 型 材 料			
	管道	土层	围岩	炮泥
密度（g/cm³）	7.85	1.73	2.6	0.85
弹性模量（GPa）	205	0.03	52	0.18×10⁻³
剪切模量（GPa）	6	3.85	11.20	—
泊松比	0.3	0.32	0.25	0.35
黏聚力（MPa）	—	0.06	5.5	—
摩擦角（°）	—	32	43	—
抗拉强度（MPa）	245	0.016	2.58	

炸药参数与隧道爆破现场采用的 2 号岩石炸药一致，炸药材料采用 LS-DYNA 软件自带的高能炸药材料 *MAT_HIGH_EXPLOSIVE_BURN 材料模型，炸药具体参数如表 5.2 所示。模拟炸药爆轰过程中压力和比容的关系采用 JWL 状态方程（Yang et al., 1996）：

$$P = A\left(1 - \frac{w}{R_1 V}\right)e^{-R_1 V} + B\left(1 - \frac{w}{R_2 V}\right)e^{-R_2 V} + \frac{\omega E_0}{V} \quad (5.13)$$

式中：A、B、R_1、R_2、ω 为材料常数；P 是压力；V 是相对体积；E_0 是初始比内能。模拟炸药采用与现场试验一致的 2 号岩石炸药，参数见表 5.6。

表 5.6　　　　　　　　　　　炸药状态方程相关参数

密度（g/cm³）	A（GPa）	B（GPa）	R_1	R_2	ω	E_0（GPa）	V
1.25	214	18.2	4.2	0.9	0.15	4.19	1

5.4.2　数值模型的可靠性验证

为了验证数值模拟计算结果是否合理，结合地铁隧道开挖爆破工程实际，在管道正上方沿管道走向土体上分别布设现场监测点进行爆破振动监测，现场监测点布置如图 5.4 所示。同时，与现场监测点布置保持一致，在数值模型中对应相同位置选取监测点进行分析，具体测点分布如图 5.5 所示。

为了与现场爆破振动测试数据进行验证，对数值模型内各监测点质点振动速度进行分析，其中#1 监测点 X、Y、Z 轴方向质点振动速度时程曲线如图 5.6 所示。由图 5.6 可知：数值计算监测点各方向振动速度起始响应时间在 15ms 左右，即爆破振动起爆后，由爆源传播至监测点位置所需时间大概为 15ms；质点振动时间大概持续 100ms；监测点 Y 轴方向振动速度最大，为 0.904cm/s；Z 轴方向振动速度次之，为 0.753cm/s；X 轴方向振动速度最小，为 0.711cm/s。

各监测点爆破振动速度数值模型结果与实测数据如表 5.7 所示。由表 5.7 可知：现场监测质点峰值振动速度略小于数值计算结果，合振速误差率最高为 9.6%，两者数据基本一致；数值计算质点振动主振频率均位于 50.63~128.25Hz，同样存在现场监测振动频率略小于数值计算结果的现象。分析存在以上现象的原因在于数值模拟过程未考虑岩土体内可能存在的节理弱面对爆破峰值振动速度及频率衰减的影响。

表 5.7　　　　　　　　　数值模拟结果与实测数据对比分析

测点	数值模拟振动速度（cm/s）				实测数据振动速度（cm/s）				合振速误差率
	X 向	Y 向	Z 向	合振速	X 向	Y 向	Z 向	合振速	
#5	0.301	0.439	0.320	0.492	0.312	0.458	0.304	0.505	2.6%
#3	0.421	0.619	0.461	0.646	0.418	0.701	0.487	0.712	9.3%
#1	0.711	0.904	0.753	0.925	0.686	0.989	0.737	1.020	9.2%
#2	0.428	0.610	0.422	0.650	0.424	0.694	0.411	0.713	8.8%
#4	0.321	0.456	0.324	0.482	0.311	0.479	0.402	0.508	5.1%

5.4 管道动力响应数值计算分析及验证

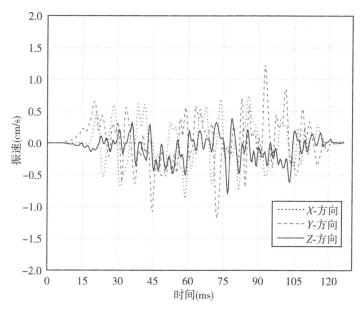

图 5.6 #1 监测点数值模拟质点振速时程曲线

综上分析，通过数值模拟数据与实测数据的对比分析，表明数值计算模型及参数选取合理，通过数值模拟研究隧道爆破作用下临近管道的动力响应特征是可行的。

5.4.3 管道爆破动力响应特征

通过现场监测数据对数值计算模型的可靠性进行了验证。在此基础上，结合数值计算结果分析燃气管道在隧道爆破振动作用下的动力响应特征。分析过程中，选取管道内壁上的 8 个点进行分析，如图 5.7 所示。此时 H 点位于管道内壁靠近爆源的一侧（即迎爆面），D 点位于管道内壁远离爆源的一侧。针对管道上各监测点的合振速及有效应力，分析其在隧道轴线正上方位置管道截面的分布规律，如图 5.8 所示。

由图 5.8（a）可知：管道截面上迎爆侧的 G、H 点的合振速较大，背爆侧 C、D 点的合振速较小；最大合振速出现在 H 点，为 1.039cm/s；最小合振速出现在 C 点，为 0.612cm/s。而由管道截面上的有效应力分布规律 ［图 5.8（b）］可知，管道截面上半部分监测点的有效应力大于下半部分有效应力，最大有效应力出现在 B 点，为 0.696MPa；最小有效应力出现在 F 点，为 0.347MPa。而根据《水及燃气用球墨铸铁管、管件和附件》（GB/T 13295—2019）规范，DN500 管道最大允许工作压力为 4.6MPa，远大于隧道爆破产生的有效应力，同时在现场爆破振动监测过程中巡视，未发现燃气泄漏等现象，表明此

79

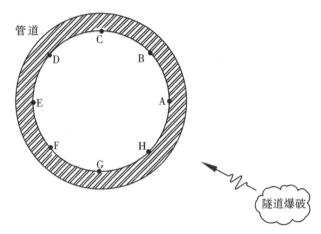

图 5.7 管道截面监测点示意图

种隧道开挖爆破工况条件下,离爆源水平距离 19m 处的燃气管道是安全的。

5.5 下穿隧道爆破振动作用对临近管道的影响分析

随着地铁隧道不断向前掘进,开挖爆破作业区域距离上方燃气管道的距离越来越近。为合理分析现有开挖爆破作业方式对燃气管道的影响,采用上述已验证的数值计算模型及参数,建立了爆破作业区域中心距离管道不同位置时(即水平距离分别为 19m、17m、15m、13m、11m、9m、7m、4m、2m、0m 时)的数值计算模型,讨论分析隧道开挖爆破振动作用对管道的影响。以爆破作业区域距离管道最近位置时为例(即爆破掌子面位于隧道正下方,水平距离为 0m 时),分析下穿隧道爆破振动作用对临近管道的影响。

5.5.1 爆破振动作用下管道上方表面土体振动响应特征

1. 管道上方表面土体沿管道轴向方向爆破振动分布规律

为分析管道上方表面土体爆破振动分布规律,沿管道轴向方向,在管道上方土体内每隔 5m 选取监测点进行合振速分析,如图 5.9 所示。

由图 5.9 可知:随着隧道爆破开挖,爆源与管道的水平距离越来越小,管道上方土体的合振速整体表现为逐渐增大的趋势,距离爆源越近的土体的振速越大。同时,当爆源与管道的水平距离为 19m 时,管道与隧道轴线相交处的正上方土体合振速最小,为 0.925cm/s;当爆源位于管道正下方时(即水平距离 0m 时),地表土体爆破振动合振速同

5.5 下穿隧道爆破振动作用对临近管道的影响分析

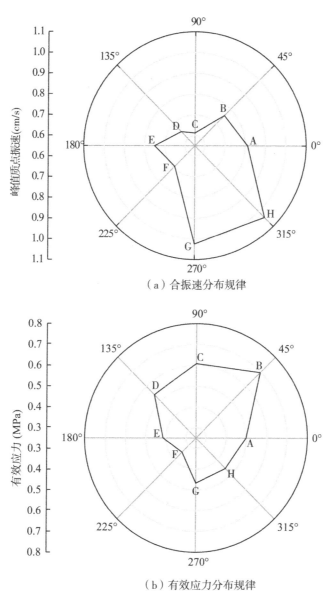

(a) 合振速分布规律

(b) 有效应力分布规律

图 5.8 管道截面动力响应规律

样出现在管道与隧道轴线相交处的正上方，其幅值达到 1.510cm/s，相较于水平距离为 19m 时，振动速度幅值增加了 63.2%。

2. 隧道中心线上方表面土体爆破振动分布规律

为分析隧道中心线正上方表面土体的爆破振动分布规律，以爆源位于管道正下方时

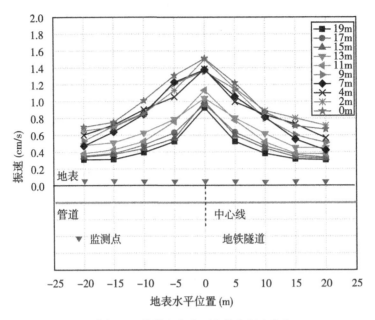

图 5.9 管道上方表面土体合振速分布

(水平距离为 0m)为例,沿隧道中心在其正上方表面土体上选取一系列监测点,分析合振速分布规律,监测点选取及合振速分布规律如图 5.10 所示。

由图 5.10 可知:隧道中心线上方表面土体的爆破振动速度分布曲线中仅有一峰值,出现在管道与爆源的正上方土体表面,其幅值为 1.510cm/s;而在隧道开挖爆破掌子面后方振动速度随着距离的增加呈衰减趋势,并无明显增大现象。根据相关文献提到的空洞效应,即隧道开挖过后的区域可能会对爆破地震波的传播有影响,造成地表振动速度增大。但此隧道爆破工程中空洞效应并不明显,即隧道穿过管道后爆破振动速度并不会再增大。

综上分析,可认为当爆源位于管道正下方时(水平距离为 0m)为最不利工况,因此着重分析该工况下的管道及土体的动力响应规律。

5.5.2 爆破振动作用下管道振动响应特征

1. 管道沿轴向方向的爆破动力响应特征

当爆源位于管道正下方时(水平距离为 0m)时,针对这一工况条件下,根据数值计算结果,沿管道轴向范围内分别选取不同管道截面为监测对象。通过提取各管道截面上的最大合振速及有效应力,分析爆破振动在管道上的分布规律。由图 5.11 及图 5.12 可知:

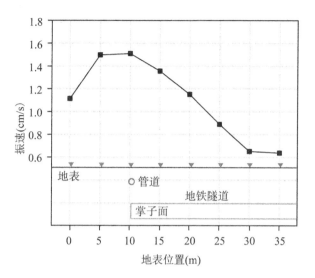

图 5.10 隧道中心线上方表面土体合振速分布

位于隧道正上方位置处管道截面爆破振动合速度最大，达到 1.820cm/s，有效应力同样达到最大，为 1.009MPa；爆源正上方的管道截面（距离爆源最近的截面）受到爆破振动影响最强烈。因此，下面主要针对该位置处管道截面进行爆破振动响应分析。

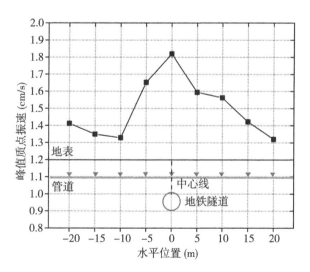

图 5.11 管道截面内最大合振速沿轴向分布规律

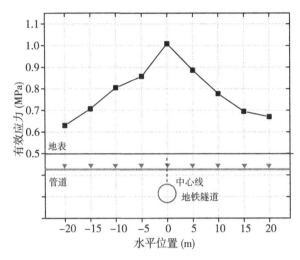

图 5.12 管道截面最大有效应力沿轴向分布规律

2. 管道截面爆破振动动力响应特征

参考 5.4.2 小节中的分析方法，针对爆源正上方的管道截面，提取其管道内壁各位置爆破振动合振速及有效应力进行分析。图 5.13 为爆源位于管道正下方时管道截面的合振速分布情况。由图 5.13 可知：此种工况条件下，爆炸应力波由管道正下方传来，即管道底部的 G 点位于迎爆面。爆破合振速最大值出现在管道底部，达到 1.820cm/s；位于管道顶部的 C 点处爆破合振速也较大，达到 1.735cm/s。

图 5.14 为爆源位于管道正下方时管道截面的有效应力分布情况。由图 5.14 可知：管道截面内最大有效应力出现在 D 点，达到 1.009MPa，而点 B、E、G 的有效应力均较大，分别为 0.978MPa、0.908MPa、0.802MPa。同样参考《水及燃气用球墨铸铁管、管件和附件》（GB/T 13295—2019）规范，DN500 管道最大允许工作压力（PMA）为 4.6MPa，各监测点的最大有效应力仍小于该允许值。综上分析，可认为隧道穿越至管道正下方时，现有隧道爆破开挖工况下爆破振动作用对管道的影响有限。

5.5.3 爆破振动作用下管周土体振动响应特征

图 5.15 为爆源正上方管周土体与管道合振速分布情况。从图 5.15 可知：管周土体与管道合振速分布规律基本一致，两者之间的差值平均值仅为 0.173cm/s。而通过管周土体与管道截面有效应力对比分析（如表 5.8 所示），管周土体与管道的有效应力分布存在不

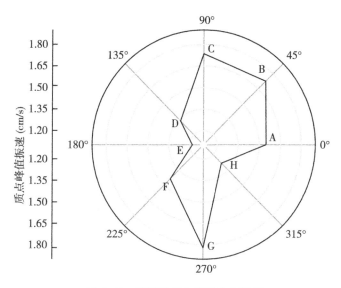

图 5.13 管道截面合振速分布规律

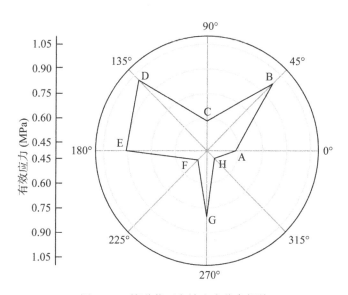

图 5.14 管道截面有效应力分布规律

相一致的特点，管周土体在 225°方向有效应力达到峰值，最大为 $6.025×10^{-3}$ MPa，而管道在 135°处有效应力达到峰值，为 1.009MPa，管道所受到的有效应力远大于管周土体。

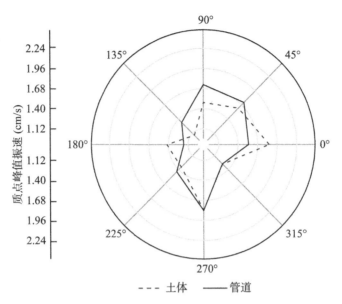

图 5.15 管周土体与管道截面合振速对比

表 5.8 管周土体与管道截面有效应力对比

角度 (°)	管周土体应力 σ_S (MPa)	管道应力 σ_P (MPa)	$\dfrac{\sigma_P}{\sigma_S}$
0	4.400×10⁻³	0.582	132.273
45	3.890×10⁻³	0.978	251.414
90	3.330×10⁻³	0.581	174.474
135	4.590×10⁻³	1.009	219.826
180	5.570×10⁻³	0.908	163.016
225	6.025×10⁻³	0.479	79.502
270	4.410×10⁻³	0.802	181.859
315	5.475×10⁻³	0.466	85.114
平均值			163.561

根据爆炸应力波理论可知，爆炸应力波在介质内传播，在其波阵面上传播介质所受应力与质点振动速度存在如下关系：

$$\sigma = \rho c v \tag{5.14}$$

式中：σ 为应力，Pa；ρ 为材料介质的密度，kg/m³；c 为纵波速度，m/s；v 为质点振动速度，m/s。

由式（5.14）可知，管道与管周土体的所受应力之比可列为

$$\frac{\sigma_P}{\sigma_S} = \frac{\rho_P c_P v_P}{\rho_S c_S v_S} \tag{5.15}$$

式中：σ_S、σ_P 分别为管周土及管道所受应力，Pa；ρ_S、ρ_P 分别为管周土与管道的密度，kg/m³；c_S、c_P 分别为管周土与管道材料的纵波速度，m/s；v_S、v_P 分别为管周土及管道上质点振动速度。

根据图 5.15 分析结果，近似认为管周土体与管道的振速相等，则式（5.15）可表示为

$$\frac{\sigma_P}{\sigma_S} = \frac{\rho_P c_P}{\rho_S c_S} \tag{5.16}$$

同时，由于地震波的传播速度与传播介质的密度和弹性常数有关，存在以下关系：

$$c = \sqrt{\frac{E(1-\mu)}{\rho(1+\mu)(1-2\mu)}} \tag{5.17}$$

式中：μ 为传播介质泊松比。

将式（5.17）代入式（5.16），则有

$$\frac{\sigma_P}{\sigma_S} = \frac{\sqrt{\dfrac{\rho_P E_P (1-\mu_P)}{(1+\mu_P)(1-2\mu_P)}}}{\sqrt{\dfrac{\rho_S E_S (1-\mu_S)}{(1+\mu_S)(1-2\mu_S)}}} \tag{5.18}$$

式中：μ_S、μ_P 分别为管周土体与管道材料的泊松比。

采用如表 5.5 所示参数取值，由式（5.18）求解可得：

$$\frac{\sigma_P}{\sigma_S} = 170.789 \tag{5.19}$$

将式（5.19）与表 5.7 中所列基于爆炸应力波理论计算结果与数值计算结果对比可知，两种方法所算得的应力之比近似相等，进一步说明数值计算结果的可靠性。数值模拟计算可反映隧道开挖爆破振动作用对管道的影响。

5.6 爆破振动作用下管道爆破振动响应的预测公式

为实现管道爆破振动的有效控制，结合现场监测与数值模拟结果，提出合理的隧道开挖爆破振动影响下管道爆破振动速度预测方法。

基于上述 10 种工况下（水平距离分别为 19m、17m、15m、13m、11m、9m、7m、4m、2m、0m 时）的数值模拟结果，统计出不同爆心距下的管道上方地面点的最大合振速。结合 5.3.2 小节中爆破振动速度预测模型，对比分析数值计算结果与预测模型的准确性及可靠性。对比分析结果如表 5.9 所示。

表 5.9　　　　　　　　　　　　　　监测点#1 合振速对比

爆源与管道水平距离	数值模拟合振速（cm/s）	式（5.12）预测合振速（cm/s）	误差率
19m	0.925	0.923	-0.2%
17m	0.968	1.007	3.8%
15m	0.997	1.096	9.0%
13m	1.037	1.188	12.7%
11m	1.131	1.282	11.8%
9m	1.361	1.372	0.8%
7m	1.377	1.455	5.3%
4m	1.387	1.552	10.6%
2m	1.500	1.590	5.7%
0m	1.510	1.604	5.8%

由表 5.9 可知：数值模拟结果与爆破振动预测模型预测结果基本保持一致，两者之间的最大误差率仅为 12.7%。爆破振动预测模型可用于预测后续爆破开挖作用下管道上方土体的振动响应特征。

由于埋地燃气管道的特殊性，无法直接对管道进行爆破振动监测。为更好地实现管道爆破振动控制，寻求其上方地表土体作为爆破振动控制点。为此，基于数值计算结果，设法建立燃气管道与其上方地表土体质点的最大合振速之间的统计关系。根据上述 10 种工况下的管道最大振速与其上方地面质点最大合振速的统计结果，从统计角度近似确定两者的函数关系，如图 5.16 所示。

埋地管道的最大合振速与管道正上方的地面质点最大合振速的关系如下：

$$v_P = 1.132 v_G + 0.013 \tag{5.20}$$

式中：v_G 为上方地面点的最大合振速；v_P 为管道的最大合振速。

将式（5.20）代入式（5.12）地表土体爆破振动预测公式中，即可得地铁隧道爆破开挖影响下管道最大爆破振动速度的预测公式，如式（5.21）所示。现场地铁隧道爆破开

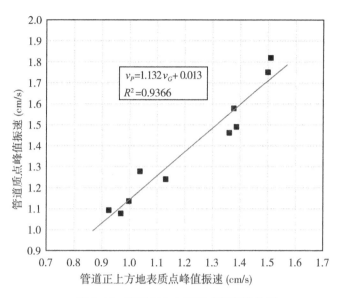

图 5.16 管道与上方地面点振速的关系

挖过程中,为更好地评价爆破振动对管道的影响,可根据式(5.21)进行管道的爆破振动速度预测与评估。

$$v_P = 58.198 \left(\frac{\sqrt[3]{Q}}{R}\right)^{1.126} \left(\frac{H}{R}\right)^{0.722} + 0.013 \tag{5.21}$$

5.7 本章小结

本章以北京地铁16号线实际爆破工程为例,进行了现场爆破振动监测。并建立三维数值模型,分析燃气管道在爆破振动作用下的响应特性,得到的结论如下:

(1)根据地面PPV现场监测的回归分析,经典的Sadovski公式在反映地铁隧道爆破振动衰减规律方面存在一定的局限性。考虑爆源深度影响建立的数学预测模型能较好地描述地铁隧道爆破振动向地表的传播;提出地铁隧道爆破振动向地表传播时地表颗粒PPV的预测公式。

(2)对比数值模拟数据与现场实测数据,表明数值计算模型和参数选择是合理的。采用数值模拟方法研究隧道爆破振动作用下相邻管道的动力响应特性是可行的。

(3)数值模拟结果表明,地铁隧道直接通过管道下方时,管道截面各监测点的最大PES(1.009MPa)仍小于PMA(4.6MPa),可以认为隧道爆破振动对管道的影响是有限的，管道是安全的。

（4）为了更好地评价地铁隧道爆破开挖过程中爆破振动对管道的影响，推荐了管道 PPV 预测公式。

第6章 城区地铁竖井基坑爆破临近燃气管道安全评估

6.1 概述

城市地下空间的开发是在土-岩二元地层中进行的，如城市地铁竖井基坑，其开挖深度往往达到30~40m及以上，穿越城区典型土层和坚硬的岩石层。岩石爆破作为针对坚硬岩层的高效、快捷的开挖方式，在城市地下空间工程的建设开发中得到广泛应用。但岩石爆破开挖在带来便利的破岩效率的同时，其产生的振动作用也会对临近地下和地表的建（构）筑物产生不利影响（高坛，2017；Sohrabi，2017）。

近年来，随着城市地铁建设的不断进行，地铁基坑开挖与现役埋地压力燃气管道临近的情况时有发生。当爆破振动超过某个限值时，基坑爆破就会对临近燃气管道产生损伤和破坏，而城市民用埋地燃气管道往往处于有压运行状态。目前，我国的《爆破安全规程》（GB 6722—2014）中并未明确针对埋地燃气管道临近爆破工程提出相应的安全控制标准。因此，为保证基坑爆破开挖过程中临近压力燃气管道的安全稳定，合理、正确地评估爆破振动作用对压力燃气管道的影响，控制爆破振动有害效应，提出相应的安全控制标准及措施对复杂城市环境中安全、高效地实施爆破工程具有重要意义。

本章依托武汉地铁8号线二期竖井基坑爆破开挖工程，运用现场监测和爆破动力有限元数值模拟相结合的方法，结合理论与量纲分析建立了反映基坑开挖深度影响的管道爆破振动速度衰减规律的数学模型，分析研究了基坑开挖爆破振动作用下埋地压力燃气管道的动力响应特性；考虑不同运行压力条件对燃气管道的爆破振动响应特性的影响，建立了地铁竖井基坑爆破作业下埋地燃气管道及地表振动速度的预测模型以及管道峰值动应力的数学计算模型，提出基于管道安全允许应力的埋地燃气管道的安全性判别模型。

6.2 竖井基坑爆破工程概况

6.2.1 基坑工程简介

武汉轨道交通 8 号线，是湖北省武汉市第 7 条建成运营的地铁线路，也是武汉市第 3 条穿越长江的地铁线路，于 2014 年 10 月 26 日开工建设，于 2017 年 12 月 26 日开通运营一期工程（金潭路站至梨园站），于 2019 年 11 月 6 日开通运营三期工程（野芷湖站至军运村站），于 2021 年 1 月 2 日开通运营二期工程（梨园站至野芷湖站）。8 号线呈南北走向，全长 39km，北起东西湖区金潭路站，途经东西湖区、江岸区、武昌区、洪山区、江夏区，南至江夏区军运村站，线路连接了武汉市汉口后湖居住组团、永清商务区，以及武昌徐东商业圈、东湖风景区、水果湖行政区、街道口商业圈、南湖居住区。8 号线二期工程线路全长 16.63 km，设站 12 座，全部为地下站，分别是省博湖北日报站、中南医院站、水果湖站、洪山路站、小洪山站、街道口站、马房山站、文治街站、文昌路站、省农科院站、马湖站、野芷湖站。

图 6.1　武汉地铁 8 号线路二期竖井基坑工程位置图

竖井基坑位于武汉市轨道交通 8 号线二期工程洪山路站与小洪山站之间（图 6.1），

线路出洪山路站后,沿东一路南行至八一路,沿八一路东行至小洪山站,全段由竖井基坑与区间隧道两部分组成。其中,区间隧道为双线,隧道里程全长326m,采用矿山法开挖。基坑西侧为大断面矿山法隧道,里程长109.1m;东侧为小断面矿山法隧道,右线长195m,左线长199m。竖井为四层双跨箱型结构,采用明挖法开挖,开挖断面尺寸为:22.4m×18m,深度为38m,开挖面积为488m²,其中需要爆破开挖深度约22m。竖井基坑支护工程重要性等级为一级,基坑围护结构采用上部吊脚桩+道内支撑围护体系。

竖井基坑北侧为中国科学院块地,南侧分布有帅府饭店、卧龙山庄等建筑物。基坑附近管线主要分布于东一路、八一路辅道及人行道下方,基坑爆破开挖周边环境复杂,管线众多,如图6.2所示。主要管线有 GT 铜/光 BH400×300、GT 光纤 BH400×300、PS 砼 $\Phi300/1200$、JS 铸铁 $\Phi400$、TR$\Phi325$ 中压、DL 直埋铜 1 根 0.38kV 等。因工程施工需要,确保安全,已将部分管网改道,改道管线距基坑直线距离均有 10~20m,埋深 1~1.5m。其中本研究中的管道为 DN300 钢质燃气管道,壁厚25mm。在保证居民安全正常用气的前提下,管道进行了必要的降压处理,现场管道实际运行压力为 0.4MPa。燃气管道与基坑短边平行,管道中心线距离基坑边缘20m,埋深1.5m,基坑与管道相对位置关系如图6.2所示。分析评估该基坑爆破开挖过程中对临近压力燃气管道的影响是本章的主要研究目的。

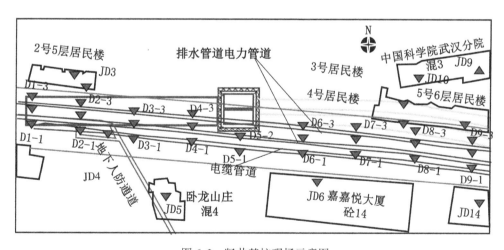

图 6.2 竖井基坑现场示意图

6.2.2 地质条件

本工程位于长江Ⅲ级阶地,地形变化不大,地面高程 24~38m 不等,地质构造较复杂,沿线穿越地质构造有断层、褶皱、溶洞等,基岩从三叠系—泥盆系地层均有揭示,岩面起伏不平。其中竖井基坑地面高程35.0~35.8m，自上而下地层组成分别是：第四系全新统地层（杂填土、素填土、粉质黏土）、第四系中更新统地层（黏土、粉质黏土、残积角砾土）、长江古河道地层（黏性粉沙土、砾石、粉质黏土）、三叠系岩层（中等风化灰岩、微风化灰岩）、二叠系岩层（强风化砂质泥岩、中等风化砂质泥岩、强风化炭质泥岩、中等风化灰岩、微风化灰岩）、石炭系岩层（强风化砂质泥岩、中等风化砂质泥岩、中风化灰岩）。竖井基坑基岩埋深11.4~45m不等，需要爆破开挖地层主要是三叠系中等风化灰岩、微风化灰岩，岩土基本质量等级分类为Ⅱ、Ⅲ类。

根据含水介质和地下水的赋存状况，工程施工场地内的地下水可以划分为：上层滞水、松散岩类孔隙水、基岩裂隙水和岩溶水四种类型。其中，上层滞水主要赋存于填土层中，水位埋深0.5~3m；孔隙水主要赋存长江古河道地层（含黏性土粉砂、砾石）中，水量一般，具有承压性，水位埋深1.2~3.6m；基岩裂隙水赋存于强、微风化基岩裂隙中，由上覆含水层下渗以及地表大气降水经由出露在地表的基岩连通裂隙补给。

6.2.3 爆破施工概况

本工程中竖井基坑采用明挖顺作法施工，基坑下上部覆土层分别为填土、黏土层，开挖厚度分别为3.5~4.0m、11~12.5m；下部基岩层埋深11.4~45m，主要为三叠系中风化灰岩、微风化灰岩，岩土基本质量等级分类为Ⅱ、Ⅲ类。基坑上部软弱土层拟采用机械挖除，下部坚硬岩石采用2号岩石乳化炸药爆破开挖，循环进尺2.5m左右。根据基坑爆破设计要求，拟采用浅孔微差爆破法，当爆破施工点距支护结构5~6m时，采用预裂爆破的形式成隔震带，以减少爆破振动，爆破施工时，采用分片开挖，多段位非电毫秒雷管起爆，根据本工程现场实际要求，最大单段装药量控制在0.4~0.8kg，控制地表质点振动速度不大于2cm/s。为降低爆破振动，保护基坑周边桩基，对靠近围护结构部分采取光面爆破，光面爆破相关炮眼参数设计如表6.1所示。浅孔微差爆破参数如表6.2所示。

表6.1　　　　　　　　　光面爆破设计参数表

	孔深（m）	抵抗线（m）	孔距（m）	排距（m）	孔深（m）	单孔药量（kg）
光面爆破	2.0	1.0	0.8	1.0	2.0	0.4

表6.2　　　　　　　　　浅孔爆破设计参数表

	孔深（m）	抵抗线（m）	孔距（m）	排距（m）	孔深（m）	单孔药量（kg）
浅孔爆破	2.0	1.2	1.0	1.2	2.0	2

以上爆破参数应根据实际工程进度、地质条件、岩石条件和初期爆破效果进行调整优化。根据现场地质条件变化选取软弱或裂隙发育部位布置掏槽眼，炮孔布置方式采用矩形布孔，基坑炮孔布置示意图如图6.3（a）所示，其中炮孔直径40mm，孔深2.0m，掏槽孔、辅助孔、预裂孔间距分别为1.6m、1.2m、1.0m，掏槽孔单孔装药量0.4kg，其他孔约0.2kg，起爆段数根据单次总药量控制在50段左右。

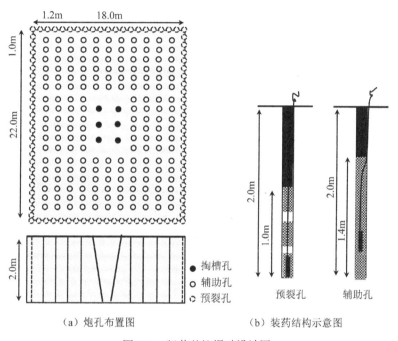

(a) 炮孔布置图　　　　(b) 装药结构示意图

图6.3　竖井基坑爆破设计图

本工程大部拟采用乳化炸药并采用孔底连续柱状炸药结构。起爆药包置于药柱高度下部1/3处。药包安装到位后，用砂质土填塞炮孔至孔口，确保填塞质量，防止冲炮事故。炮孔装药结构如图6.3（b）炮孔装药示意图所示。掏槽孔与辅助孔参考上述炮孔布置图（图6.3），按照工程岩体出露情况进行布置。根据现场实际爆破情况，起爆器材使用雷管、导爆索等，对需要爆破的岩体采取分段延时起爆。

6.3　现场爆破试验及振动测试分析

6.3.1　现场测试方案

爆破振动效应是爆破的五大公害之首，基坑岩体爆破后，其爆破应力波会对周边建

(构) 筑物造成一定的安全隐患。为防止爆破振动造成破坏，确保施工安全，必须对施工过程进行爆破振动监测，根据监测结果，及时调整、完善爆破方案，设计合理的爆破参数，以准确控制爆破振动。大量的工程实践和理论研究成果表明，质点振动速度与爆破振动效应有相对较好的对应关系，目前已经形成了一系列有实用价值的建（构）筑物振动速度安全控制指标，同时也发展成熟了一整套便于现场操作和数据处理分析的观测方法与仪器系统。我国最新的《爆破安全规程》（GB 6722—2014）规定了爆破振动判据为振速和频率两项物理量，具体指标见表6.3。

表6.3 爆破振动安全允许标准（GB 6722—2014）

保护对象类别	安全允许质点振动速度（cm/s）		
	$f \leqslant 10Hz$	$10Hz < f \leqslant 50Hz$	$f > 50Hz$
土窑洞、土坯房、毛石房屋	0.15~0.45	0.45~0.9	0.9~1.5
一般民用建筑物	1.5~2.0	2.0~2.5	2.5~3.0
工业和商业建筑物	2.5~3.5	3.5~4.5	4.5~5.0
一般古建筑与古迹	0.1~0.2	0.2~0.3	0.3~0.5
运行中的水电站及发电厂中心控制室设备	0.5~0.6	0.6~0.7	0.7~0.9
水工隧道	7~8	8~10	10~15
交通隧道	10~12	12~15	15~20
矿山巷道	15~18	18~25	20~30
永久性岩石高边坡	5~9	8~12	10~15
龄期：初凝~3天	1.5~2.0	2.0~2.5	2.5~3.0
龄期：3~7天	3.0~4.0	4.0~5.0	5.0~7.0
龄期：7~28天	7.0~8.0	8.0~10.0	10.0~12.0

《爆破安全规程》中没有明确规定埋地管道的安全阈值，实际工程中也没有固定指标。因此，在本工程中对埋地燃气管道进行爆破振动监测时选取什么样的振动控制指标作为安全判据就非常值得思考了。综合我国相关规范以及国内外学者对埋地燃气管道的安全判据标准的研究（Abedi et al.，2016；Jiang et al.，2017；唐润婷等，2011；蒲传金等，2015），考虑到埋地管道的爆破振动响应与管道本体、管道内压、管内流体、管道周边土体情况、管土相互作用等因素密切相关，目前工程施工中尽可能取偏向安全的判据。结合本次工程实际情况，选取质点振动速度作为本次埋地燃气管道爆破振动监测的安全判据，管道地表控制振动速度不大于2cm/s。

参照上述总体要求，拟选用TC-4850爆破振动记录仪系统对此次爆破进行现场监测。该仪器是一款专为工程爆破设计的便携式振动监测仪（林世雄，2008）；仪器具有小、轻、抗压等优点，与传感器相连可以满足对于工程爆破相关振动参数的实时监测、存储、分析等工作，测试系统示意如图6.4所示。本设备根据国家《爆破安全规程》（GB 6722—2014）的测试要求设计，广泛应用于工程爆破以及其他机械、运输、冲击振动的安全监测。根据我国《水电水利工程爆破安全监测规程》（DL/T 5333—2005），在爆破振动监测过程中，测点布置于埋地燃气管道正上方地表。将仪器与传感器相连后，利用高强度的快速凝结石膏将传感器与布设的被测试对象的地表测点相连接，确保两者连接紧密以保证测试结果的准确性。现场观测内容为三向振动速度与振动频率。

在爆破振动观测中，测点布置极为重要，它直接影响爆破振动测量的效果和观测数据的应用价值。根据我国《水电水利工程爆破安全监测规程》（DL/T 5333—2005）中规定，一般来说，测点布置数量应该足够多，测点布设的位置应该根据被监测目标与爆源的距离进行选择，设置的测点所搜集的监测数据应避免过于集中在某一范围内。本次测试主要目的是监控爆破振动对竖井基坑周边建（构）筑物的影响，因此测点应根据周边建（构）筑物与爆源的空间距离，和监测对象本身受影响程度来合理布置。其中，本研究所选取的燃气管段与基坑短边平行，管道轴线上方距离基坑边缘约20m，在布置地表监测点时考虑以基坑为中心、沿与管道轴线垂直的方向布置两个距离基坑5m、20m的测点1#、2#，管道附近测点布置示意图见图6.4。

压力燃气管道作为爆破振动测试中的主要监控对象，由于其埋设于土体中，不便进行直接的开挖揭露监测，为研究预测燃气管道本身的振动速度特征，故考虑将监测点布置于燃气管道附近地表，获取地表监测数据以做后续研究。测试过程中，将爆破振动测试仪布置在爆源与燃气管轴线交点的正上方的地表位置，如图6.4（a）监测点2#所示位置，另外距离2#监测点左右10m处分别沿管道轴线和垂直基坑连线布置监测点3#、1#。

6.3.2 测试结果分析

在竖井基坑向下开挖爆破过程中，共对临近压力燃气管道进行了15次现场爆破振动监测，其中当爆破开挖深度为24m时测点3#的振动波形如图6.5所示。根据现场测试波形，采用快速傅里叶变换对振动测试波形进行分析，得到振动功率频谱图如图6.6所示。

根据现场监测波形及频谱图分析可知，现场地表振动具有短时随机性，爆破振动信号持续时间约1s，振动能量在0.4s时达到峰值并逐渐衰减。三个方向的测试振动信号以z轴方向最大，其他方向次之。FFT变换得到的频谱图表明，基坑爆破振动地表频率

第6章 城区地铁竖井基坑爆破临近燃气管道安全评估

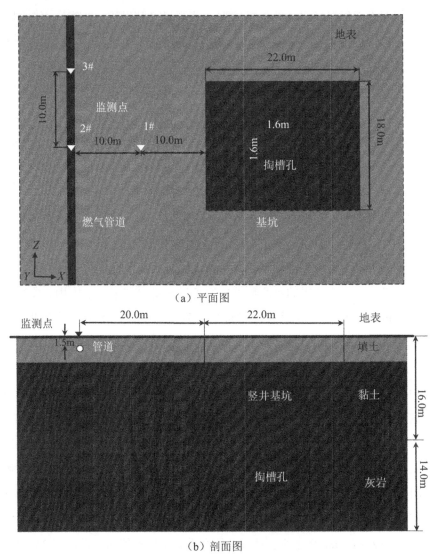

图6.4 竖井基坑爆破临近燃气管道振动监测示意图

主要为15~100Hz，其中三个方向的振动主频集中在30Hz左右。根据多次爆破振动监测数据，将上述测点的三向矢量峰值合振动数据以及最大主频率统计如表6.4所示。矢量叠加后的爆破振动速度能够综合考虑各方向的振动速度大小，能更好地反映地表土体爆破振动速度响应特征。因此分析预测地铁隧道爆破地表振动时，可采用叠加后的爆破振动速度。最大主频根据测试振动波形数据，采用快速FFT变换分析各测点合振动速度的振动主频。

6.3 现场爆破试验及振动测试分析

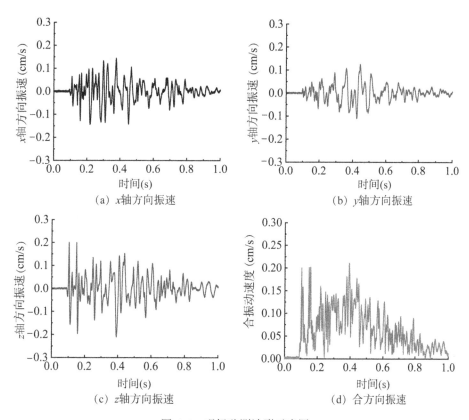

图 6.5 现场监测波形示意图

表 6.4 监测点振速统计表

测点编号	最大单段药量 $Q(kg)$	爆源埋深 $d(m)$	爆源直线距离 $r(m)$	峰值合振速 $v(cm/s)$	最大主频率 $f(Hz)$
1#	0.4	14	22.612	0.321	46.52
1#	0.8	15	24.907	0.662	55.315
1#	0.6	16	25.612	0.391	44.34
1#	0.8	18	26.907	0.562	52.56
1#	0.6	20	28.284	0.383	36.78
2#	0.4	14	32.33	0.256	28.56
2#	0.8	15	33.98	0.343	35.67
2#	0.6	16	34.000	0.277	32.45
2#	0.8	18	34.986	0.361	38.56
2#	0.6	20	36.056	0.232	27.76

续表

测点编号	最大单段药量 $Q(kg)$	爆源埋深 $d(m)$	爆源直线距离 $r(m)$	峰值合振速 $v(cm/s)$	最大主频率 $f(Hz)$
3#	0.4	16	34.35	0.267	25.56
3#	0.8	18	36.76	0.301	28.67
3#	0.6	20	38.484	0.233	30.45
3#	0.8	22	39.357	0.291	23.56
3#	0.6	24	40.311	0.213	20.76

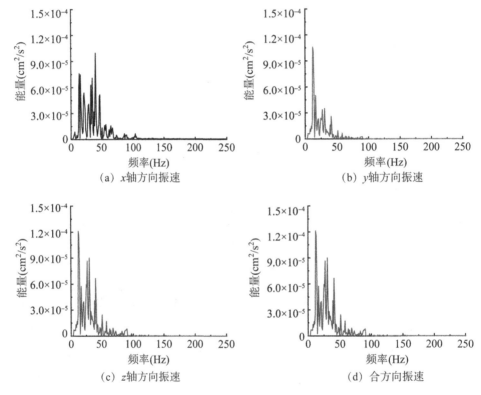

图 6.6 振动波形频谱分布图

分析表 6.4 中数据可知,在上述爆破作业过程中,燃气管道上方地表峰值合振速最大值出现在基坑爆破开挖至 15m,最大单段药量为 0.8kg 时的监测点 1#,合振速数值为 0.662cm/s。峰值振动速度呈现出随单段药量的增大而增大,随爆破深度的增大而减小的规律。通过对其他监测数据的主频分析,发现频率为 20~100Hz 的数据占总数的 95% 左右,合振动速度方向的主要振动频率集中在 20~60Hz 区间内,爆破开挖振动频率整体都比较大,而管线的自振频率在 3~12Hz 之间,明显小于爆破地震波的振动频率,因此该基坑爆破所引起的振动难以与燃气管线产生共振,表明该工程爆破振动频率对保证浅埋燃气管线的安全稳定较为有利。

6.3.3 现场振动衰减规律预测

准确预测现场爆破振动衰减规律对于控制爆破振动以及施工安全高效具有重要意义。根据现场监测数据,采用量纲分析方法对基坑爆破振动的衰减规律及影响因素进行分析。其中,根据大量学者对于爆破振动在岩体内的衰减规律的相关现场实测实验及数值模拟研究成果可知(Song et al.,2016;Li et al.,2011):由岩石爆破开挖产生的爆破振动在岩土体介质中传播过程中,爆破振动波的衰减会受到爆源、传播路径、介质条件(如岩土体性质、节理弱面等)、爆源距离等多种因素的影响。根据本研究中的工程现场实际情况,考虑到竖井基坑沿竖直深度方向爆破施工的特点,基坑开挖面的深度(即爆源埋深)会对爆破地震波在地面岩土体中的传播存在一定的影响(Li,2010)。因此,根据上述分析,将基坑爆破开挖作用下振动波衰减变化所涉及的主要变量归纳如表 6.5 所示。

表 6.5　　　　地铁竖井基坑爆破开挖地表振动涉及的重要物理量

	变　量	量　纲
因变量	质点振动位移 μ	L
	质点振动峰值速度 v	LT^{-1}
	质点振动加速度 α	LT^{-2}
	质点振动频率 f	T^{-1}
自变量	炸药质量 Q	M
	测点与爆源之间的直线距离 r	L
	基坑爆破爆源埋深 d	L
	岩体密度 ρ	ML^{-3}
	振动波传播速度 c	LT^{-1}
	爆轰时间 t	T

注:L 为长度的量纲;T 为时间的量纲;M 为质量的量纲。

由量纲分析白金汉定理(π 定理)可知(Langhaar,1951),竖井基坑爆破开挖时地表质点的峰值振动速度 v 可表示为

$$v = \Phi(Q, \mu, c, \rho, r, d, a, f, t) \tag{6.1}$$

根据 π 定理, 式 (6.1) 中的独立量纲可以取为 Q、r、c, 其中, 以 π 代表无量纲量, 根据式 (6.1) 可以得到如下无量纲的量:

$$\begin{cases} \pi = \dfrac{v}{Q^\alpha r^\beta c^\gamma}, \quad \pi_1 = \dfrac{\mu}{Q^\alpha r^\beta c^\gamma}, \quad \pi_2 = \dfrac{\rho}{Q^\alpha r^\beta c^\gamma}, \\[2mm] \pi_3 = \dfrac{d}{Q^\alpha r^\beta c^\gamma}, \quad \pi_4 = \dfrac{a}{Q^\alpha r^\beta c^\gamma}, \\[2mm] \pi_5 = \dfrac{f}{Q^\alpha r^\beta c^\gamma}, \quad \pi_6 = \dfrac{t}{Q^\alpha r^\beta c^\gamma} \end{cases} \tag{6.2}$$

式 (6.2) 中, α、β 和 γ 表示待定系数, 需要根据各物理量之间的量纲换算关系进行推导计算。其中, 根据物理量纲齐次定理, 上述待定系数计算如式 (6.3) 所示。

$$\begin{cases} \pi = \dfrac{v}{c}, \quad \pi_1 = \dfrac{\mu}{r}, \quad \pi_2 = \dfrac{\rho}{Qr^{-3}}, \\[2mm] \pi_3 = \dfrac{d}{r}, \quad \pi_4 = \dfrac{a}{r^{-1}c^2}, \\[2mm] \pi_5 = \dfrac{f}{r^{-1}c}, \quad \pi_6 = \dfrac{t}{rc^{-1}} \end{cases} \tag{6.3}$$

根据式 (6.2)、式 (6.3) 可以得到由爆破振动峰值速度及其因素物理量表示的无量纲等式:

$$\dfrac{v}{c} = \Phi\left(\dfrac{\mu}{r}, \dfrac{\rho}{Qr^{-3}}, \dfrac{d}{r}, \dfrac{a}{r^{-1}c^2}, \dfrac{f}{r^{-1}c}, \dfrac{t}{rc^{-1}}\right) \tag{6.4}$$

由于不同无量纲数 π 的乘积和乘方仍为无量纲数, 取 π_2、π_3、π_4 进行如下组合, 得到新的无量纲数 π_7:

$$\pi_7 = (\sqrt[3]{\pi_2})^{\beta_1} \pi_3^{\beta_2} = \left(\dfrac{\sqrt[3]{\rho}\, r}{\sqrt[3]{Q}}\right)^{\beta_1} \left(\dfrac{d}{r}\right)^{\beta_2} \tag{6.5}$$

式中: β_1、β_2 分别为 π_1、π_2 的指数。对于某一特定的场地, ρ 和 c 默认为不会随着爆破参数的变化而变化, 假设其为定值, 因此可以近似为常数。因而, 由式 (6.5) 可以认为基坑爆破质点峰值振动速度与上述参量满足下述函数关系式:

$$v \sim \left(\dfrac{1}{\sqrt[3]{Q}\, r^{-1}}\right)^{\beta_1} \left(\dfrac{d}{r}\right)^{\beta_2} \tag{6.6}$$

综上所述, 可将上述式 (6.6) 中的函数关系式写成下式:

$$\ln v = \left[\alpha_1 + \beta_1 \ln\left(\dfrac{\sqrt[3]{Q}}{r}\right)\right] + \left[\alpha_2 + \beta_2 \ln\left(\dfrac{d}{r}\right)\right] \tag{6.7}$$

6.3 现场爆破试验及振动测试分析

根据式（6.7），令初始峰值振速满足如下关系：

$$\ln v_0 = \alpha_1 + \beta_1 \ln\left(\frac{\sqrt[3]{Q}}{r}\right) \tag{6.8}$$

则根据式（6.7）、式（6.8）的关系式可以表示为

$$\ln v_0 = \alpha_1 + \frac{\beta_1 \ln Q}{3} - \beta_1 \ln r \tag{6.9}$$

根据上述式（6.9）的形式分析可知，式中的 α_1、α_2 分别为函数变换过程中给定的系数；$-\beta_1 \ln r$ 表示爆破振动速度随距离 r 的衰减规律，β_1 为衰减指数，主要反映场地介质条件的影响；而 $\alpha_1 + (\beta_1 \ln Q)/3$ 则综合反映了传播路径介质条件与炸药量对岩土体质点振动的贡献。为了使上述公式便于应用于现场实际，可以令 $\ln k_1 = \ln \alpha_1$，则式（6.9）变形为

$$v_0 = k_1 \left(\frac{\sqrt[3]{Q}}{r}\right)^{\beta_1} \tag{6.10}$$

式（6.10）是不存在基坑爆破的爆源埋深影响下地表的峰值振速衰减预测公式，其公式形式就是工程中应用广泛的传统的萨道夫斯基公式（GB 6722—2014）。把式（6.9）代入式（6.10）可以得到下式：

$$\ln v = \ln v_0 + \left[\alpha_2 + \beta_2 \ln\left(\frac{d}{r}\right)\right] \tag{6.11}$$

根据式（6.11），可以令 $\ln k_2 = \ln \alpha_2$，则上述式（6.11）可变形为

$$v = k_1 k_2 \left(\frac{\sqrt[3]{Q}}{r}\right)^{\beta_1} \left(\frac{d}{r}\right)^{\beta_2} \tag{6.12}$$

根据式（6.12），令系数 $k = k_1 k_2$，则上式整理为考虑竖井基坑爆破开挖深度影响的地表质点的爆破振动峰值速度衰减预测公式：

$$v = k \left(\frac{\sqrt[3]{Q}}{r}\right)^{\beta_1} \left(\frac{d}{r}\right)^{\beta_2} \tag{6.13}$$

式中：k 表示场地影响系数；β_1 表示爆破振动衰减系数；β_2 为基坑爆破开挖深度影响效应系数。对比上述式（6.10）和式（6.13）可知，基坑爆破开挖产生的爆破振动传播至地表过程中，其衰减规律受到爆源药量、爆源距离、爆破开挖深度的影响。根据上述分析结果，采用传统爆破振动衰减预测公式以及考虑基坑爆破开挖深度影响的振动速度衰减规律的数学模型［式（6.13）］，对表6.4中所列测试结果进行回归拟合分析，得到基坑开挖爆破时地表土体的爆破振动衰减规律的预测模型。同时为比较所建立的数学模型的合理性及准确性，并依据拟合曲线相关性系数评价两种经验公式对爆破振动速度的

预测精度，其分析结果如表6.6所示。

表6.6　　　　　　　　　地铁隧道爆破地表振动衰减规律预测模型

振动方向	经典萨氏公式	相关系数	基坑衰减公式	相关系数
合方向	$v_G = 125.96 \left(\dfrac{\sqrt[3]{Q}}{r}\right)^{1.615}$	0.684	$v_G = 93.42 \left(\dfrac{\sqrt[3]{Q}}{r}\right)^{1.467} \cdot \left(\dfrac{d}{r}\right)^{0.47}$	0.702

由表6.6中分析可知，采用所建立的衰减规律数学模型关系［式（6.13）］对地表监测点爆破振动速度数据的拟合相关性系数大于经典萨氏公式［式（6.10）］，表明地铁基坑爆破振动峰值的传播衰减规律更加复杂，经典萨氏公式存在一定的局限性。而通过考虑爆破深度的影响建立的数学预测模型，能更好地反映地铁基坑爆破开挖爆破振动传播至地表过程中，其衰减规律受到基坑爆破开挖深度的影响。因此工程实际应用过程中，为预测地铁隧道爆破振动传播至地表土体时的质点振动速度，可采用以下预测模型：

$$v_G = 93.42 \left(\frac{\sqrt[3]{Q}}{r}\right)^{1.467} \cdot \left(\frac{d}{r}\right)^{0.47} \tag{6.14}$$

6.4　管道动力响应数值计算分析及验证

6.4.1　数值计算模型及参数

1. 整体模型

根据现场工程施工条件，由于基坑爆破开挖施工时，埋地燃气管道仍处于带压运行状态，因此，考虑到工程实际中燃气管道往往埋设于地下，不便于直接开挖揭露监测分析，现场监测仅仅只能针对燃气管道附近地表进行振动监测。因此，为进一步评估竖井基坑爆破开挖时对临近燃气管道本身的影响及其安全性，本研究拟采用常用的动力有限元竖直计算软件 ANSYS/LS-DYNA 建立基坑爆破开挖作用下管道爆破振动响应的数值计算模型，并根据现场地表爆破振动监测数据结合数值模型计算结果对临近燃气管道的动力响应及安全性进行深入研究。

根据实际竖井基坑工程爆破开挖情况，针对不同开挖深度条件建立基坑爆破开挖至16m、一次爆破最大单段炸药量为0.6kg时的数值计算模型。根据现场爆破设计参数，按照最不利工况条件考虑,拟建立6个掏槽孔爆破时临近燃气管道的数值计算模型,如图 6.7 所示。另外,由于实际工况下燃气管道内部存在一定内压,考虑到城市民用天然气密度大、无黏性,故将管道运行压力直接等效为沿管道半径方向的均布荷载,均匀施加到管道内壁单元上,根据现场实际,管道运行压力拟定为 0.4MPa,管道内压示意如图 6.8 所示。

根据现场工程模型的对称性,为方便计算、提高效率,数值建模时可只建立 1/2 模型,如图 6.7 所示,基坑爆破开挖临近燃气管道的数值计算整体尺寸为 62m×20m×30m。模型单元采用 8 节点 SOLID164 实体单元,炸药、炮泥、围岩、土层和管道均采用拉格朗日网格划分,cm-g-μs 单位制。根据工程现场的特点,计算模型顶面设为自由约束边界,对称面为对称约束边界,其他各面均采用无反射边界条件,数值模型网格划分及边界条件设定如图 6.7 所示(Yi et al.,2017),其中管道作为主要研究对象,其网格划分应确保计算准确方便,管道网格划分如图 6.8 所示。

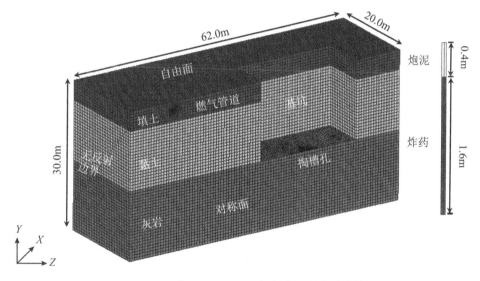

图 6.7 竖井基坑爆破临近燃气管道数值计算模型

2. 材料模型及参数

数值模型计算参数的选取,根据室内力学参数测试结果,对研究范围的岩土体进行均质单一性简化,不考虑岩土体内部裂隙及弱面的影响。建模过程中,模型中的土壤作为松散多孔的非均质材料,其物理力学性能受多种因素影响。

LS-DYNA 材料模型库中提供的 *MAT_DRUCKER_PRAGER 模型(Hallquist,

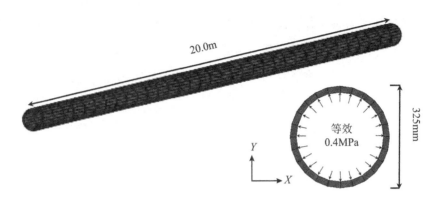

图 6.8 燃气管道运行压力施加示意图

2007），能很好地模拟有关于土壤介质的相关模型。这种材料模型使用了改进的德鲁克-普拉格（Drucker-Prager）屈服准则，使屈服表面的形状可以扭曲成更真实的土壤模型。

岩体介质是非连续、不均匀的，数值模拟通常将围岩假设为连续的、各向同性的弹塑性材料。因此，灰岩、炮泥和 Q295 无缝钢制燃气管道材料模型均选用 *MAT_PLASTIC_KINEMATIC 材料模型，此模型的屈服条件为

$$\left. \begin{array}{l} \sigma_y = \left[1 + \left(\dfrac{\dot{\varepsilon}}{C} \right)^{\frac{1}{p}} \right] (\sigma_0 + \beta E_p \varepsilon_{\text{eff}}^p) \\ E_p = \dfrac{E_t \cdot E}{E - E_t} \end{array} \right\} \quad (6.15)$$

式中：σ_y 为屈服强度；σ_0 为初始屈服强度；$\dot{\varepsilon}$ 为应变率；$\varepsilon_{\text{eff}}^p$ 为有效塑性应变；p、C 为应变率参数；β 为硬化参数；E_p 为塑性硬化模量；E_t 表示切线模量；E 表示弹性模量。相关物理力学参数如表 6.7 所示。

表 6.7　模型材料参数表

模型材料	密度 （g/m³）	弹性模量 （GPa）	剪切模量 （GPa）	泊松比	黏聚力 （MPa）	内摩擦角 （°）	抗拉强度 （MPa）
管道	7.85	205	6	0.3	—	—	235
填土	1.98	0.027	3.85	0.34	0.015	10	0.016
黏土	1.95	0.039	4.3	0.25	0.035	15	0.028
灰岩	2.68	52	11.2	0.25	5.5	43	2.58
炮泥	0.85	0.18×10⁻³	—	0.35	—	—	—

6.4 管道动力响应数值计算分析及验证

模型中的炸药材料与实验现场采用的 2 号岩石炸药保持一致，采用 LS-DYNA 软件自带的高能炸药材料 *MAT_HIGH_EXPLOSIVE_BURN 来模拟炸药模型[16]，通过定义炸药状态方程（*EOS_JWL）准确描述炸药在爆炸过程中的压力、体积和能量特性，以真实的模拟炸药爆炸过程 JWL 方程（Giannaros et al.，2016）可以对炸药的爆轰压力与相对体积和内能的关系进行描述，表达式为

$$p = A\left(1 - \frac{\omega}{R_1 V}\right)e^{-R_1 V} + B\left(1 - \frac{\omega}{R_1 V}\right)e^{-R_1 V} + \frac{\omega E_0}{V} \qquad (6.16)$$

式中：p 为爆炸产物压力；V 为爆炸产物相对体积；R_1、R_2、ω、A、B 为炸药材料参数；E_0 是初始比内能，炸药爆轰产物相关参数如表 6.8 所示。

表 6.8 爆轰产物状态方程参数表

密度(g/cm^3)	A(GPa)	B(GPa)	R_1	R_2	ω	E_0(GPa)	V(cm^3)
1.25	214	18.2	4.2	0.9	0.15	4.19	1

6.4.2 模型可靠性验证

为了验证数值计算模型是否正确，计算结果与现场监测数据是否吻合，现参照上述图 6.5 地表监测点，选择数值计算模型中与现场监测点相对应的地表测点进行对比研究，以验证数值计算结果的可靠性，从而为压力燃气管道的动力响应特性的后续研究提供可靠依据。根据数值计算结果以及现场监测数据，各监测点的三矢量峰值合振速数据对比如表 6.9 所示。

表 6.9 现场监测与数值模拟峰值合振速对比

测点编号	炸药量(kg)	爆心距(m)	实测振速(cm/s)	模拟振速(cm/s)	误差率(%)
1#	0.8	25.612	0.394	0.412	4.57%
2#	0.8	34.000	0.277	0.296	6.86%
3#	0.8	38.484	0.233	0.241	3.43%

由表 6.9 分析可知，现场监测质点峰值合振速略小于数值计算结果，合振速误差率

最高为6.86%，误差率小于10%，模型精度达到要求，可以进行后续不同运行压力条件下管道动力响应数值计算的研究。根据上述数据中，基坑爆破临近燃气管道正上方地表监测点2#的实测合振速波形与数值计算波形图如图6.9所示。

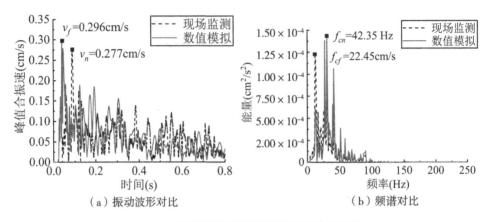

图6.9 现场监测与数值模拟波形频率对比图

由图6.9分析可知，数值模拟计算合振速波形图与实测波形图基本吻合，可以清楚地看到，在实际工况条件下爆破应力波在两点处的振动传播波规律基本一致。但相比较而言，数值计算应力波的波形图衰减较快，且越靠近爆源时波形衰减越迅速。这是由于数值模拟在分析过程中未考虑岩土体内可能存在的节理软弱面对爆破应力波的传播及频率衰减的影响，而两点峰值合振速的大小也存在一定差距，实测点的峰值振动速度出现的时间明显滞后于数值计算模型质点的峰值振速，滞后约0.1s，且数值计算的峰值合振速略小于实际峰值合振速。此外，根据波形图中振动频率对比可知，数值计算模型质点振动频率分布带与实测质点基本一致，但是主振动频率存在差异，差距在误差范围内，究其原因是与岩土介质中存在的不连续面的滤波作用有关，因此现场监测的频率低于数值模拟的。由于现场监测与数值模拟的主振频率均大于管道的自振频率，因此在后续分析中，可不过多考虑数值计算模型频率的影响。

综上所述，根据数值计算模型所得数据与现场监测对比分析表明，数值计算模型的建立以及模型参数的选取较为合理，数值模型中质点的振动速度和频率特点与实际工程中质点的振动条件较为接近。考虑到实际工程中无法对埋地压力燃气管道本身进行直接监测，因此通过研究此数值计算模型中压力燃气管道的动力响应特性，从而反映实际工程中管道的振动特点具有一定的合理性，可以基于上述数值计算模型对基坑爆破作用下临近埋地燃气管道的动力响应及安全性做进一步的细致研究。

6.5 管道动力响应特性及安全性评估

6.5.1 管道动力响应特征及衰减预测

1. 振动特征

1) 振动分布特征

根据上述数值模型计算结果，选择与实际工况条件一致的数值计算模型进行基坑爆破作业下埋地燃气管道的动力响应研究。根据上述现场监测振动衰减规律，沿管道轴线方向选取管道底部质点和距离爆源最近的管道中心截面为研究对象，其质点选取示意如图 6.10 所示。

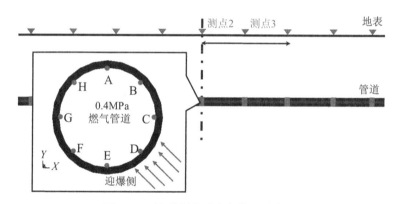

图 6.10 管道研究质点与单元示意图

如上述单元示意图（图 6.10）所示，为研究管道及地表质点沿管道轴线方向衰减传播的规律，根据计算波形，提取质点及单元的峰值合振动速度，研究沿管道轴线方向管道振动速度的衰减规律，如图 6.11 所示。

由图 6.11 分析可知，基坑爆破开挖作业下，埋地燃气管道正上方地表振速 v_G 小于管道质点振速 v_P，两者均呈现出以爆源与管道的垂直平面为对称面向两侧不断衰减的规律；基坑爆破开挖到一定深度时，管道及地表的最大峰值合振动速度均出现在与爆源垂直的质点及单元，根据基坑爆破振动衰减规律可知，此时截面为距离爆源最近的截面，可以定为基坑爆破开挖作业下的埋地燃气管道的最危险截面，即管道中心截面。

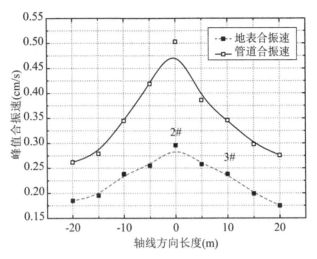

图6.11 管道轴线方向峰值合振速分布规律

根据上述分析,为进一步研究管道危险截面峰值合振速的分布规律,根据图6.10所示的管道中心截面单元,提取管道截面单元的峰值合振速,其分布规律如图6.12所示。

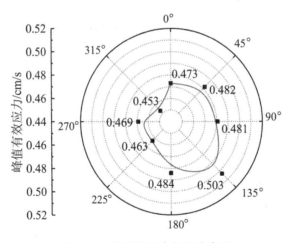

图6.12 管道截面合振速分布图

根据上述图6.12分析可知,实际工况下(运行压力为0.4MPa)管道单元峰值合振速沿管道危险截面呈不均匀的分布特征。管道截面最大振动速度出现在迎爆侧质点D处,峰值合振速0.503cm/s;最小速度出现在背爆侧的质点H处,峰值合振速0.453cm/s。其中,以面临爆源的迎爆侧质点及单元的峰值合振速最大,可以看作基坑爆破开挖作用下埋地燃气管道的最危险部位，应重点关注。

2) 振动衰减规律

在实际工程施工中，城区爆破开挖临近管道时并不能对管道本体进行直接的爆破振动监测，因此为了实现对管道爆破振动速度的有效监控，找到一种便于应用于工程实际的管道爆破振动预测方法至关重要。现根据数值计算模型和现场爆破振动监测数据，结合上述考虑基坑开挖深度影响下的爆破作用地表质点的振动衰减规律，探究基坑爆破开挖中临近埋地燃气管道的振动速度预测方法。根据上述管道及地表质点的振动分布特征，管道质点与其正上方地表质点振速具有一一对应的关系，地表振动速度在一定程度上可以反映其正下方管道截面质点的振动速度特征。根据统计分析找到管道截面振动速度与其正上方地表振动速度相关关系，如图 6.13 所示。

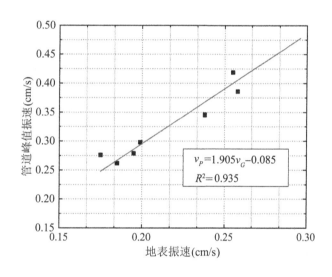

图 6.13 管道截面单元与正上方地表质点振速关系图

根据图 6.13 得到管道与地表振速的对应相关关系：

$$v_P = 1.905 v_G - 0.08 \tag{6.17}$$

式中：v_G 为上方地面点的最大合振速；v_P 为管道的最大合振速。根据爆破振动控制条件，工程现场管道正上方地表最大控制振动速度取 $v_G=2\text{cm/s}$，代入式（6.17）可知管道最大控制合振动速度为 $v_{P\max}=3.725\text{cm/s}$，大于上述实际工况下管道截面单元的振动速度，由此可判断本工程中基坑爆破作用下埋地燃气管道处于安全运行状态。根据现场巡视和观察，燃气管道无泄漏等问题，实际工况条件下管道运行安全可靠。

此外，由上述管道的振动响应特性分析可知，管道截面质点合振动速度与基坑爆破参数具有相关关系，根据地表爆破振动速度与爆破参数的关系联立式（6.14）、式（6.17）可以得到基坑爆破开挖作用下埋地燃气管道的最大爆破振动速度规律，如式（6.18）所示。在现场基坑的爆破开挖过程中爆破参数一定的情况下，为更好地评价爆破振动对管道的影响，可根据式（6.14）对管道的爆破振动速度进行预测与评估，从而达到控制爆破的效果。

$$v_P = 177.96\left[\left(\frac{\sqrt[3]{Q}}{r}\right)^{1.647} \cdot \left(\frac{d}{r}\right)^{0.47}\right] - 0.08 \qquad (6.18)$$

式中：v_P 为管道截面单元峰值合振动速度；Q 为最大单段药量；r 为爆心距。根据式（6.18）可知，埋地燃气管道的峰值振速与炸药量、爆破距离以及开挖深度有关。

2. 应力特征

管道单元应力是管道受力特征的主要表现，有效应力是表征管道综合受力特征的量，Von-Mises应力可以表征管道在受荷载作用下三个方向的主应力的作用特征。根据数值计算结果，为了研究管道截面单元应力变化特点，考虑上述振动分析特征，现针对管道危险截面单元的Von-Mises应力变化特征，提取峰值应力如图6.14所示。

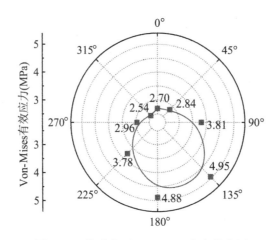

图 6.14　管道截面 Von-Mises 应力分布图

根据图6.14分析可知，基坑爆破作用埋地压力管道截面的最大Von-Mises峰值应力出现在截面单元D点，数值为4.95MPa；最小值出现在截面单元H点，数值为2.54MPa。由上述分析可知，压力管道单元峰值Von-Mises应力最大值出现在迎爆侧，最小值均出现在背爆侧。根据波动力学理论可知，应力波传递过程中质点振动速度的大小与单元应力的大小相对应，由此可以进一步确定管道截面最危险部位位于管道迎爆侧。

6.5.2 不同运行压力管道响应

实际工程中，燃气管道的运行内压因工程现场条件的不同而有所不同，为指导现场基坑爆破工程中对燃气管道内压的选择与控制，研究不同内压条件下埋地燃气管道的动力响应特性至关重要。根据我国《城镇燃气设计规范》（GB 50028—2006）中对燃气管道设计压力等级的划分，依次按照低压（0MPa、0.1MPa、0.2MPa），中压（0.3MPa、0.4MPa），次高压（0.6MPa、0.8MPa），高压（1.6MPa、2.5MPa）的压力梯度对研究管道进行等效加载，分别建立燃气管道在上述几种运行压力 P 下的数值计算模型。参考实际工况下管道的动力响应特性分析过程，选取图 6.10 中所示的管道危险截面单元迎爆侧以及背爆侧的单元作为研究对象，将其管道截面单元的峰值合振动速度与单元峰值 Von-Mises 应力分布统计如表 6.10 所示。

表 6.10 　　　　　压力管道截面单元振动速度分布

内压 (MPa)	最大振速 (cm/s)	截面单元	最小振速 (cm/s)	截面单元	最大应力 (MPa)	截面单元	最小应力 (MPa)	截面单元
0	0.494	D	0.444	H	0.242	D	0.170	H
0.1	0.496	D	0.446	H	2.140	D	0.720	H
0.2	0.499	D	0.457	H	2.473	D	1.436	H
0.3	0.501	D	0.463	H	3.706	D	2.150	H
0.4	0.503	D	0.47	H	4.950	D	2.540	H
0.6	0.506	D	0.479	H	6.650	D	3.320	H
0.8	0.512	D	0.481	H	9.220	D	6.250	H
1.6	0.517	D	0.488	H	16.850	D	14.230	H
2.5	0.526	D	0.493	H	28.870	D	22.370	H

根据表 6.10 中数据分析可知，当压力燃气管道的运行压力 P 为 0MPa 时，管道截面单元振动速度小于有压条件；且不同运行压力条件下，管道截面单元的合振动速度最大值均出现在迎爆侧单元 D，最小值均出现在背爆侧单元 H，可以看到管道截面单元合振动速度随管道运行压力的增加而呈现微弱上升的趋势。管道运行压力对管道本体的直接影响就体现在管道单元 Von-Mises 应力的变化上，不同压力管道截面单元的 Von-Mises 分布如图 6.15 所示。

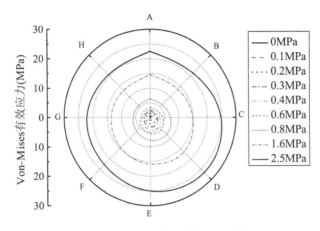

图 6.15 压力管道截面应力分布图

由上述图 6.15、表 6.10 可知,当管道内压 P 为 0MPa 时,管道截面单元 Von-Mises 应力全部由爆破振动产生,且管道截面迎爆面两侧单元 Von-Mises 应力较大,最大值为 0.242MPa(单元 B),最小值为 0.17MPa(单元 H)。当管道存在运行压力且压力一定时,管道截面单元的 Von-Mises 应力迅速增大,且最大值仍位于迎爆侧单元 D,最小值位于单元 H。由此对比分析可知,压力管道截面单元峰值 Von-Mises 应力的产生主要受运行压力影响,且管道存在内压时管道截面单元的峰值 Von-Mises 应力是空管的几十倍,且可以看到管道截面单元峰值 Von-Mises 应力的大小随管道运行压力的增大而有规律地递增。

6.5.3 管道安全性评估

根据上述振动响应特征分析可知,竖井基坑爆破开挖作用下埋地燃气管道的振动响应与爆破参数密切相关,其中与基坑开挖深度也存在关系。埋地燃气管道的应力特征与管道运行压力密切相关。根据应力波理论,介质的振动与应力具有对应关系,由上述动力响应特征分析可知,管道单元 Von-Mises 应力与运行压力、管道振动速度存在一定的相关关系,且管道截面单元合振动速度 v_P 与 Von-Mises 应力 σ_0 均与管道运行压力 P 成正相关关系,故可以假定上述参量具有如下关系:

$$\sigma_0 = f(P, v_P) \tag{6.19}$$

假设上述参量具有线性关系,则根据多元线性函数关系式假设上述参量满足以下关系:

$$\sigma_0 = av_P + bP + c \tag{6.20}$$

根据式(6.20),结合上述分析计算结果,将上述数据代入式(6.20)进行统计拟合,其关系如图 6.16 所示。

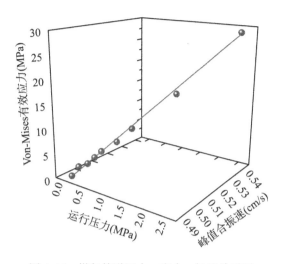

图 6.16 燃气管道压力、应力、振速关系图

根据图 6.16 中得到的管道单元峰值有效应力、管道截面单元峰值振速与管道运行内压的统计关系,拟合得到三者的线性相关关系函数表达式:

$$\sigma_0 = 90.854v_P + 9.443P + 44.68 \tag{6.21}$$

式中:σ_0 为管道截面单元 Von-Mises 应力,MPa;v_P 为管道截面单元峰值合振动速度,cm/s;P 为管道运行压力,MPa。式(6.22)的拟合相关性系数 R^2 为 0.99475,拟合度较高,因此式(6.21)能较好地反映三者之间的变化关系。结合上述式(6.18)管道振速与地表振动速度之间的关系式以及地表振动速度与爆源参量之间的关系(式(6.8)),代入式(6.21)可得管道截面单元峰值 Von-Mises 应力与管道运行压力和各爆破参数之间的相关关系:

$$\sigma_0 = 177.96\left[\left(\frac{\sqrt[3]{Q}}{r}\right)^{1.647} \cdot \left(\frac{d}{r}\right)^{0.47}\right] + 9.44P - 44.7v_P \tag{6.22}$$

由式(6.22)分析可知,当开挖爆破参数(Q、r)一定时,管道运行压力越小,管道截面单元峰值 Von-Mises 应力越小,管道越安全,由此判断当管道运行压力为 0MPa 时管道处于较安全的最佳运行状态;反之,当管道运行压力一定时,单段药量 Q 越大、爆心距越小时,管道截面峰值 Von-Mises 应力越大。根据现场工程实际情况,本研究所取的燃气管道运行压力为 $P=0.4$MPa,现场爆破参数按照最大单段药量 $Q=0.6$kg,$r=35$m 选取,代入式(6.22)计算得此工况条件下管道截面单元峰值 Von-Mises 应力 $\sigma_0=5.01$MPa。

根据我国《输油管道工程设计规范》(GB 50253—2014),埋地油气管道轴向和环向

应力组合而成的当量应力，即有效应力 σ_c，按照下式计算：

$$\sigma_c = \sigma_h - \sigma_l \tag{6.23}$$

式中：σ_h 为环向应力；σ_l 轴向应力，根据相关研究（张黎明，2017），无爆破振动作用下有压管道带压运行时管道轴向应力 σ_l 和 σ_h 环向应力可以按照式（6.24）、式（6.25）计算：

$$\sigma_h = \frac{Pd}{2\delta} \tag{6.24}$$

$$\sigma_l = \mu\sigma_h + E\alpha(t_1 - t_2) \tag{6.25}$$

式中：P 为运行压力；d 为管径；δ 为壁厚；E 为弹性模量；α 为线膨胀系数，t_1 为填埋温度；t_2 为工作温度。根据本工程中管道实际情况，研究管段取运行压力 0.4MPa，管径 300mm，壁厚 25mm，弹性模量 205GPa，填埋温度 25℃，工作温度 25℃，线膨胀系数 1℃/m。根据式（6.23）、式（6.24）计算得管道轴向应力 $\sigma_l = 72$MPa 和环向应力 $\sigma_h = 24$MPa，代入式（6.25），计算得管道允许有效应力 $\sigma_c = 48$MPa。根据式（6.22）计算结果，$\sigma_0 = 5.01$MPa 远小于 $\sigma_c = 48$MPa，故管道在爆破振动时处于安全运行状态。

6.6 本章小结

本章基于竖井基坑爆破临近埋地燃气管道的动力响应及安全性问题研究，选取武汉地铁 8 号线二期工程地铁竖井基坑爆破开挖临近埋地燃气管道为案例，通过竖井基坑爆破现场地表的振动监测数据，结合量纲分析原理提出了描述地表土的峰值颗粒速度（PPV）随基坑开挖深度衰减的数学模型。利用 ANSYS/LS-DYNA 有限元动力数值计算软件，建立了基坑爆破临近埋地燃气管道的三维数值计算模型，分析了埋地燃气管道在 0.4MPa 工作压力下受到爆破振动的响应特性，并利用岩土监测数据验证了模型的可靠性。然后，讨论了不同工作压力下埋地燃气管道的动态响应特性，总结了管道与管道上方地表土的 PPV 之间的函数关系。结合地表土的 PPV 衰减模型，提出了描述燃气管道 PPV 的数学表达式。最后，建立了管道在不同工作压力下受爆破振动影响的 Von-Mises 峰值应力的预测模型，可用于评估管道在附近基坑爆破施工影响下的安全性。得到的相关主要结论如下：

（1）现场监测表明，爆破作业过程中，燃气管道上方地表峰值合振速最大值出现在基坑爆破开挖至 15m，最大单段药量为 0.8kg 时的监测点 1#，合振速数值为 0.662cm/s。管道上方地表振动具有短时随机性，爆破振动信号持续时间约 1s，振动能量在 0.4s 时达到峰值并逐渐衰减。三个方向的测试振动信号以 Z 轴方向最大，其他方向次之。基坑爆破振动地表频率主要为 15~100Hz。其中三个方向的振动主频集中在 30Hz 左右。爆破开挖振动频率整体都比较大,而管线的自振频率为 3~12Hz,明显小于爆破地震波的振动频率,工程爆破振动频率对保证浅埋燃气管线的安全稳定较为有利。

(2) 基坑爆破地表振动衰减规律研究表明,地铁基坑爆破振动峰值的传播衰减规律更复杂,经典萨氏公式存在一定的局限性,基坑爆破开挖爆破振动传播至地表过程中,其衰减规律受到爆源药量、爆源距离、爆破开挖深度的影响。整体的峰值振动速度呈现出随单段药量的增大而增大,随爆破深度的增大而减小的规律。考虑爆破深度的影响而建立的数学预测模型,能更好地反映地铁基坑爆破开挖爆破振动传播至地表过程中,其衰减规律受到基坑爆破开挖深度的影响。

(3) 竖井基坑爆破开挖作业下,埋地燃气管道正上方地表振速 v_G 小于管道质点振速 v_P,两者均呈现出以爆源与管道的垂直平面为对称面而向两侧不断衰减的规律,管道及地表的最大峰值合振动速度均出现在与爆源垂直的质点及单元,根据基坑爆破振动衰减规律可知此时截面为距离爆源最近的截面,为基坑爆破开挖作业下的埋地燃气管道的最危险截面。管道单元峰值合振速沿管道危险截面呈不均匀的分布特征,管道截面最大振动速度出现在迎爆侧质点。基坑爆破作用埋地压力管道截面的最大 Von-Mises 峰值应力出现在迎爆侧,最小值出现在背爆侧。迎爆侧为基坑爆破开挖作用下埋地燃气管道的最危险部位,应重点关注。

(4) 燃气管道不同运行压力研究表明,当压力燃气管道的运行压力 P 为 0MPa 时,管道截面单元振动速度小于有压条件;且不同运行压力条件下,管道截面单元的合振动速度最大值均出现在迎爆侧单元,最小值均出现在背爆侧单元。管道截面单元合振动速度随管道运行压力的增加而呈现微弱上升的趋势。压力管道截面单元峰值 Von-Mises 应力的产生主要受运行压力的影响,且管道存在内压时管道截面单元的峰值 Von-Mises 应力是在爆破振动影响下的几十倍,且可以看到管道截面单元峰值 Von-Mises 应力的大小随管道运行压力的增大而有规律地递增。

(5) 竖井基坑爆破开挖作用下埋地燃气管道的振动响应与爆破参数密切相关,其中与基坑开挖深度也存在关系。埋地燃气管道的应力特征与管道运行压力密切相关。根据应力波理论,介质的振动与应力具有对应关系,管道单元 Von-Mises 应力与运行压力、管道振动速度存在一定的相关关系,且管道截面单元合振动速度 v_P 和 Von-Mises 应力 σ_0 均与管道运行压力 P 成正相关关系。根据埋地油气管道轴向和环向应力组合而成的当量应力即有效应力,计算管道在竖井基坑爆破开挖时其应力处于安全状态。

第7章 城区地铁联络通道爆破临近承插混凝土管道安全控制

爆破施工产生的地震波不可避免地会对临近建（构）筑物的安全性和可用性产生严重影响。在爆破振动作用下，埋地管道的动力响应是一个复杂的动态演化过程，国内外研究人员针对管道爆破振动响应特性，采用多种分析方法，开展了大量现场和室内试验的研究（Wang et al.，2018；张黎明，2017）。早期常见的现场实验如离心模型试验、足尺模型爆炸试验、现场埋地管道爆破试验等，通过对装药比例、爆破距离、管道内径、管道埋深等多种因素的控制，分析管道质点振动速度，受应力应变、振动频率等动力响应的变化特性（Shi et al.，2019；Tang et al.，2020；龚相超等，2020）。同时，随着计算机和仿真技术的发展，数值模拟被许多研究人员广泛应用于爆破工程领域（王复明等，2018；Kouretzis et al.，2007）。目前关于管道爆破响应的研究，大多忽视了爆破振动对管道接口的影响。但实际上，无论是球墨铸铁管道还是混凝土管道，管节之间常采用衬垫承插接头或法兰接头。因此，在研究埋地管道爆破振动下的动力响应时，考虑管道的连接形式将更具合理性。

基于此，本章依托武汉市地铁8号线小洪山站-街道口站区间联络通道爆破工程，基于现场振动监测数据，结合动力有限元软件LS-DYNA，建立了爆破地震波作用下承插式混凝土排水管道的数值模型，得到了承插式混凝土排水管道的管体、承插口的动力响应特征，并结合公路钢筋混凝土等的相关规范建立了承插式混凝土排水管道在爆破振动作用下的安全振动速度判据，为现场爆破工程提供实际的指导。

7.1 爆破工程概况

7.1.1 联络通道工程概况

武汉市地铁8号线联络通道位于小洪山站-街道口站区间，地理位置如图7.1所示。岩性由地表至下依次为素填土、亚黏土、微风化泥岩。施工区间联络通道下穿的承插式混凝土排水管道内径为 80cm，壁厚为 8cm，与隧道最近的距离为 33.8m。排水管线与通道走向垂直，埋深为 0.8m，联络通道与管道的地层空间位置关系如图 7.2 所示。

图 7.1 地铁隧道联络通道位置图

7.1.2 总体爆破方案

爆破开挖应坚持短进尺、弱爆破、强支护、早衬砌的原则，加强施工临时监控量测，确保施工安全。施工中如遇实际围岩类别与设计资料不符，应及时与监理、设计部门联系调整施工方案，确保开挖安全、顺利进行。联络通道采取正台阶分部开挖爆破方法。

上、下台阶纵距为 5m。掏槽孔布置在上台阶。根据周边环境对爆破振动的要求，基坑石方采取"多打孔、少装药、短进尺、弱振动"的浅眼松动微差控制爆破方法施工。为了使岩石充分破碎及避免产生大块石，采用"梅花形"布孔，排间微差起爆方式。考虑到爆破振动和飞石，在施工过程中，创造良好的临空面，控制一次起爆药量，确保爆破安全。现场实际采用楔形斜眼掏槽，炮眼深度为 1.2m，炮孔直径为 40mm，循环进尺为 1m。

为减小爆破对管道的影响，需要严格控制单段的最大药量，由于爆破过程中掏槽孔爆破效果较其他炮孔大，故本书以上台阶的掏槽孔爆破效应研究为主（张继春等，2005），

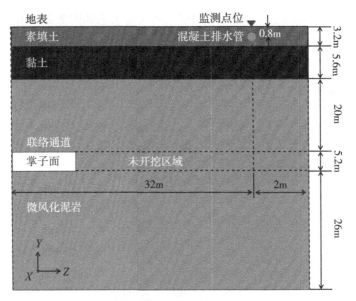

图 7.2 联络通道与管道地层埋设剖面图

联络通道上台阶爆破装药参数见表 7.1。为控制爆破振动,上台阶选用 1 段、3 段、5 段、9 段、11 段、13 段、15 段等段别(毫秒延期导爆管雷管)作为联结雷管和孔内起爆雷管,并采用"孔内外微差簇联爆破网路"。掏槽眼及其他炮眼布置具体见图 7.3。

表 7.1 上台阶爆破参数

序号	炮孔名称	炮孔类型	炮孔深度(m)	数量	单孔装药量(kg)
1	掏槽孔	78°斜孔	1.2	4	0.4
2	辅助孔	垂直孔	1.0	11	0.3
3	底板孔	垂直孔	1.0	5	0.4
4	周边孔	垂直孔	1.0	11	0.2

注:钻孔合计 31 个,总装药量 9.1kg,断面面积 7.95m^2,炸药单耗 0.6kg/m^3,进尺 1.0m,炮孔利用率 83.3%。

为确保爆破施工作用下临近承插式混凝土排水管道的安全性,本联络通道工程在掌子面掘进的初始及最后 2m 均采用人工机械开挖的方法,并在初始人工机械开挖 2m 后,从左往右设立长度为 5m(开挖深度 2~7m)的爆破试验区段,具体布置如图 7.4 所示。

由于混凝土排水管道埋在土壤中,不便于直接监测,工程实际中往往在管道附近地表

7.1 爆破工程概况

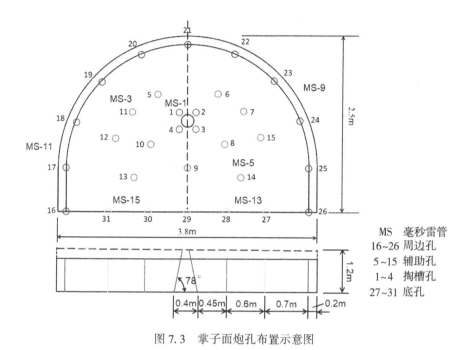

图 7.3 掌子面炮孔布置示意图

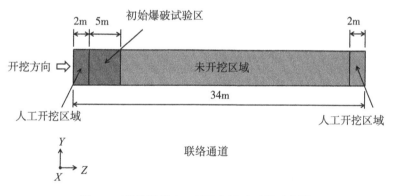

图 7.4 联络通道人工开挖与试验区段示意图

布置监测点，获取地表监测数据，供后续研究使用。现场采用 TC-4850 爆破振动记录仪系统对联络通道爆破施工进行监测。监测系统由振动传感器和振动记录仪组成，如图 7.5 所示。试验过程中，在爆源与混凝土排水管道轴线交点正上方的地面监测点放置爆破振动仪，监测点布置如图 7.6 所示。

121

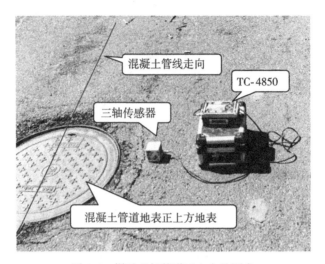

图 7.5 爆破现场管道正上方监测点

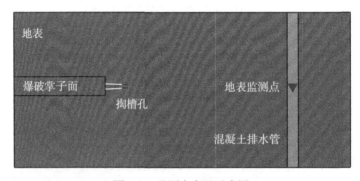

图 7.6 监测点布置示意图

7.2 数值模拟参数及验证

7.2.1 模型尺寸及边界条件

考虑到实际爆破过程中对埋置管道的监测较为困难,为研究爆破振动对承插式混凝土排水管的动力响应,采用了动力有限元软件 LS-DYNA 建立数值模拟的方法进行爆破动力响应分析,并根据实际联络通道的不同开挖进度及现场施工的爆破循环情况,设计模拟开挖深度为 4m、5m、6m 的三个数值模型对应实际工况。

模型采用 Solid164 单元,整体尺寸设计为 30m×40m×60m(长×宽×高)。建立的模型所使用的单元类型为 SOLID 164，其为一种 8 节点的三维单元实体，适用于大变形的情况下，并且计算省时。图 7.7 为单元实体图。

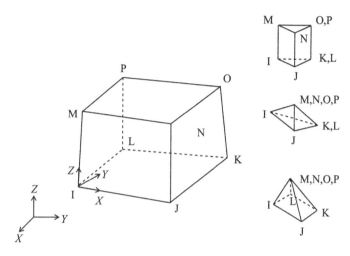

图 7.7 SOLID 164 单元实体图

由于网格的尺寸大小对于最后的结果会产生一定量的偏差，所以在网格划分时应注意网格的大小，尤其是在近爆区，网格的划分应适当密一些，随着距爆炸区的远离，可以逐渐加大网格的尺寸。将炸药、空气采用 Euler 网格建模，混凝土、土壤采用 Lagrange 网格。ANSYS/LS-DYNA 中网格的划分有自由网格划分（Free）、映射网格划分（Mapped）、扫掠网格划分（Sweep）三种。本模型采用 Sweep 网格划分，相比于其他的网格划分，其灵活性更高，且在计算时的运行速度更快。

为保证数值计算正常进行以及计算的精度，将土体及岩体的网格尺寸控制在 20cm，将混凝土管道网格按照每环 40 个进行划分，将炸药块体等分成 10 个单元。根据模拟承插式混凝土管道的实际工作情况，按照实际尺寸建立承插式混凝土管，分段建立 6 节管段。同时，在划分单元网格时，炸药与炸药接触岩石部分、管道与管土接触部分的网格应划分密集，然后向外逐渐发散，以保证计算的准确性。模型具体网格划分及承插管接口结构如图 7.8 所示。工程爆破时进行停水施工，管道处于空管工作状态。计算采用 cm-g-μs 的单位制。

在爆破作用模拟时，其模拟结果的准确性与边界条件的合理选择有关。实际上，药包在岩土介质中爆炸的过程是在无限区域内进行能量的传播和衰减。在数值模拟时建立一个无限区域是很难实现的，区域的大小直接影响模型的计算时间。因此通常选择有限区域来代表无限的岩土体，当采用固定边界模拟爆破振动过程时，地震波在边界处会发生波的反

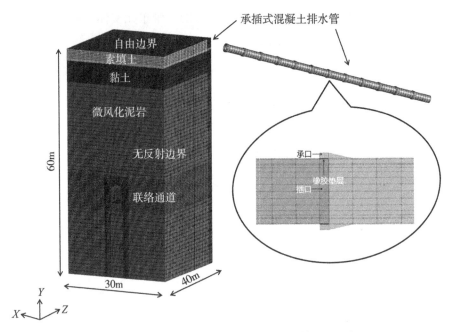

图7.8 模型整体网格划分及承插式混凝土管接口示意图

射与折射,从而造成波的相互叠加,引起计算结果出现误差。

为了减少反射波带来的误差,Lysmer等(1969)提出通过人为施加阻尼的方式来防止爆破地震波在有限域内发生反射,使波通过边界时产生投射,这同无限域的处理问题的方法一样。通俗来说,就是在有限边界条件上施加剪应力与黏性正应力。

$$\begin{cases} S_n = a\rho C_p V_n \\ S_s = b\rho C_s V_s \end{cases} \quad (7.1)$$

式中:S_n为施加在边界上的法向应力,Pa;S_s为施加在边界上的切向应力,Pa;a、b为反映介质阻尼特征参数;ρ为岩土介质密度,kg/m³;C_p为入射波纵波波速,m/s;C_s为入射波横波波速,m/s;V_s、V_n分别为质点在边界法向、切向速度分量,m/s。

采用无反射边界条件既能提高模拟时计算结果的准确性,又能节约计算时间。依据本工程背景,建立模型时,顶面采用自由边界,其余边界均采用无反射边界。为了真实反映各单元之间的接触特性,土体-岩体之间采用关键字*CONSTANINED_LAGRANGE_IN_SOLID,设置为自动面面接触,不同算法之间采用关键字*CONSTANINED_LAGRANGE_IN_SOLID来定义流固耦合。

7.2.2 本构模型及计算参数

模型中的所有参数包括炸药、炮泥、填土、黏土、微风化岩、混凝土管道以及橡胶圈

7.2 数值模拟参数及验证

垫层。该工程爆破采用 2 号岩石乳化炸药，炸药密度为 1150kg/m³，炸药爆速 4000m/s，利用 LS-DYNA 软件的高能炸药材料 MAT_HIGH_EXPLOSIVE_BURN 进行模拟。

炸药在爆轰过程中伴随复杂的化学反应，目前大多使用 JWL 状态方程进行描述（赵铮等，2009）。JWL 是一个用于描述化学反应过程和预测一个大范围压力引起的爆炸的高能燃烧模型。采用 JWL 状态方程对炸药的爆轰压力与相对体积和比内能的关系进行描述。方程具体形式为

$$P = A\left(1 - \frac{\omega}{R_1 V}\right) e^{-R_1 V} + B\left(1 - \frac{\omega}{R_2 V}\right) e^{-R_2 V} + \frac{\omega E_0}{V} \tag{7.2}$$

式中：A、B、R_1、R_2、ω 为材料常数；P 为压力；V 为相对体积；E_0 是初始比内能。炸药具体参数如表 7.2 所示。

表 7.2 炸 药 参 数

ρ (g/cm)	V (m/s)	ω	A (GPa)	B (GPa)	R_1	R_2	E_0 (GPa)
1.09	3600	0.1	214.4	18.2	4.15	0.95	4.26

炸药采用 ALE 算法，ALE 算法允许炸药、岩石和空气自由穿梭于彼此间，通过物质的流动可以分析爆炸发生的过程，其能够很好地避免计算中网格变形过大而导致的计算中断问题。因此，ALE 算法能够很好地应用于爆炸分析计算中。土壤、岩石、混凝土、炮泥、橡胶等结构采用拉格朗日算法，该算法多用于固体结构的应力应变分析，这种方法以物质坐标为基础，其所描述的网格单元将以类似雕刻的方式划分并用于分析的结构上，主要的优点是能够非常精确地描述结构边界的运动。炸药与土体相互作用利用流固耦合算法来实现，通过添加流固耦合关键字进行处理。

材质为 C35 的混凝土排水管道、下层风化泥岩均采用 MAT_PLASTIC_KINEMATIC 材料模型，该材料模型考虑了岩石介质材料的弹塑性质，并能够对材料的强化效应和应变率变化效应加以描述。此模型遵从 Von-Mises 屈服准则：

当 $\varepsilon \leqslant \varepsilon_e$ 时， $\sigma = E_s \varepsilon$ (7.3)

当 $\varepsilon > \varepsilon_e$ 时， $\sigma = \sigma_y + E_{\tan}(\varepsilon - \varepsilon_e)$ (7.4)

式中：σ 表示应力，MPa；σ_y 表示屈服应力，MPa；E_s 表示弹性模量，GPa；$E_{\tan}$ 表示切线模量，$0 < E_{\tan} < E_s$，GPa；ε 为应变；ε_e 表示弹性极限应变。

建模时管道采用的物理力学参数如表 7.3 所示。

表 7.3　　　　　　　　　　　　管道主要物理力学参数

密度（g/cm）	弹性模量（GPa）	泊松比	抗拉强度（MPa）
2.40	30	0.19	1.43

填土层、黏土层、炸药堵泥采用 MAT_DRUCKER_PRAGER 材料模型，该材料模型能有效模拟土体特性。各土体物理力学参数如表 7.4 所示。

表 7.4　　　　　　　　　　　　土体主要物理力学参数

类别	密度（g/cm）	弹性模量（GPa）	泊松比	内聚力（kPa）	内摩擦角（°）
素填土	1.98	0.027	0.34	0.1	10
黏土	1.99	3.9×10^{-2}	0.275	0.25	15
堵泥	0.85	0.35	—	—	—

混凝土管道承插口处设置橡胶圈垫层，参考《橡胶圈密封件　给、排水管及污水管道用接口密封圈　材料规范》（GB/T 21873—2008），将橡胶圈材料看作邵氏硬度 THA55 和 THA86 两种材料的组合体。采用 MAT_MOONEY_RIVLIN_RUBBER 材料模型。具体应变能函数参数详见表 7.5。

表 7.5　　　　　　THA55、THA86 材料 Mooney-Rivlin 应变能函数参数

材料	D_1	C_{10}	C_{01}
THA55	3.443778309×10^{-2}	0.251492371	0.333162807
THA86	1.289573990×10^{-2}	0.501031282	1.06027721

7.2.3　数值模拟可靠性分析

为验证数值模拟的可靠性，将 3 种工况（开挖深度为 4m、5m、6m）的监测点峰值振动速度计算结果与实际监测数据进行比较。具体数据如表 7.6 所示。数值模拟中，将岩体、回填土和管道认为是均匀连续的材料，忽略充填体孔隙、岩体节理和软弱结构面，以致爆破应力波在模拟模型中的衰减速度和传播速度均比实际场地慢，数值模拟的振动速度略高于实际振动速度（Jayasinghe et al., 2017）。通过数据比较可以看出，总体上数值模拟的结果略大于现场试验结果，且两者差异较小，最大误差为 11.1%；从三个方向的振动

监测数据可以看出，Y 轴方向数值最大，对爆破地震造成的管道振动响应起主要控制作用（Jiang et al., 2018）。在 5m 开挖工况下，绘制数值模拟与现场实测两者地表监测点的 Y 轴方向振动速度时程曲线（如图 7.9 所示），曲线表明两者变化规律基本吻合，由此可知，本次数值模拟、材料参数选取以及模型设计是可靠的。

表 7.6　　　　　　　　监测点数值模拟与现场实测峰值振动速度

工况	X 轴方向峰值振动速度(cm/s)			Y 轴方向峰值振动速度(cm/s)			Z 轴方向峰值振动速度(cm/s)		
	现场	模拟	误差	现场	模拟	误差	现场	模拟	误差
4m	0.017	0.018	5.8%	0.132	0.135	2.3%	0.060	0.065	8.3%
5m	0.018	0.020	11.1%	0.139	0.146	5.0%	0.062	0.069	10.1%
6m	0.020	0.021	5.0%	0.143	0.153	7.0%	0.067	0.072	7.5%

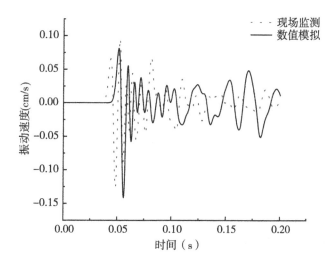

图 7.9　5m 工况地表监测点模拟与实测 Y 轴方向振动速度曲线

7.3　联络通道施工过程管道动力响应分析

7.3.1　整体管线动态响应特征

根据现场数据可知，随着联络通道不断向前掘进，开挖爆破作业区域距离上方混凝土管道的距离越来越近，管道产生的动力响应将逐渐增大。为确保现场施工顺利完成，采用上述已验证的数值计算方法模型及参数，建立开挖深度为 7m、12m、17m、22m、27m、

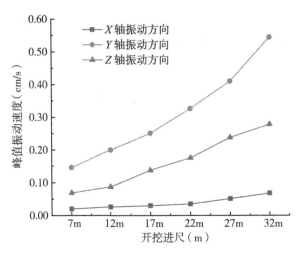

图 7.10　监测点正下方管道三个方向振动速度

32m 六种工况，讨论分析隧道开挖爆破振动作用对管道的影响，进而预测实际工程中管道的动力响应。

在爆破作用下，地下结构受四周岩土介质约束，位移影响通常较小，其振动响应主要通过结构的峰值振速和拉应力进行描述（管晓明等，2019）。图 7.10 呈现了六种模拟工况下，地表监测点在三个方向的峰值振动速度。在掘进 7~32m 的过程中，随着爆破与管道位置距离的减小，Y 轴方向（即垂直方向）的振速增幅最大，即 Y 轴方向速度对爆破地震造成的管道振动响应起主要控制作用，与现场地表监测数据体现的结果一致。为方便统计，本章的振动速度分析均采用 Y 轴方向的振动速度。图 7.10 表明，随着隧道爆破开挖，爆源与管道的水平距离越来越小，管道上方土体的振速整体呈现出逐渐增大的趋势，距离爆源越近的土体振速越大。

图 7.11 显示了 7m 开挖工况下，不同时刻混凝土管道拉应力的分布。炸药爆炸后 0.028s，地震波首先传递到管道中部，然后沿管道轴线向两端扩展；在 0.045s，正对炸药的管道中部出现峰值应力 0.1558MPa，管道处于受力最大时刻；在 0.14s 后，管道上的拉应力呈现出由中部开始沿轴向逐渐衰减的趋势。

根据 7m 开挖工况下管道拉应力时程图的结果，统计六种工况下管道中部峰值应力情况，如表 7.7 所示。由表 7.7 中数据可知，随着联络通道开挖深度由 7m 增加到 32m，炸药爆破后，管道中部峰值拉应力也相应地从 0.1558MPa 增加到 0.4432MPa，增幅为 184.5%；此外，管道出现峰值应力的时间由 0.045s，提前到 0.0343s，爆破振动响应表现得更为强烈。

7.3 联络通道施工过程管道动力响应分析

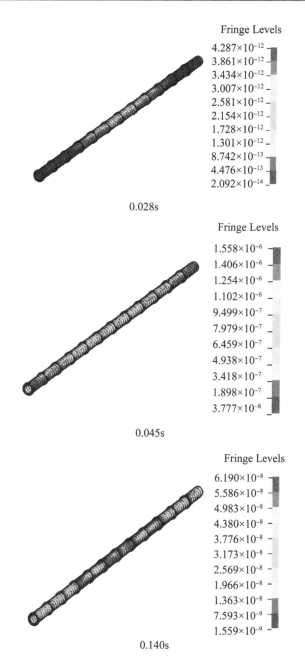

图 7.11　7m 开挖工况不同时程管道拉应力分布云图

表 7.7　　　　　　　　　　各工况管道拉应力情况

工况	7m	12m	17m	22m	27m	32m
峰值拉应力（MPa）	0.1558	0.1975	0.2483	0.3031	0.3474	0.4432
出现时间（s）	0.045	0.0418	0.0396	0.0378	0.0366	0.0343

129

为进一步分析管道整体的动力响应,统计六个工况下管道整体轴向监测点的振动速度与峰值拉应力,图 7.12、图 7.13 分别为管道轴向接口、管身的监测点选取示意图。图 7.14~图 7.17 为六个工况下,管道在接口及管体的峰值振动速度与峰值拉应力的曲线。由图 7.14~图 7.17 可知,管道上的振动速度和拉应力均呈现出中部最大、沿轴线向两边递减的趋势;此外,管道接口处的振动速度略小于相邻管体处的振动速度,原因是接口处的橡胶垫层减缓了爆破地震波的强度;接口处的拉应力大于相邻管体处的拉应力,是由于爆破振动作用下,管道相邻接口处产生相对位移,出现应力集中的现象。

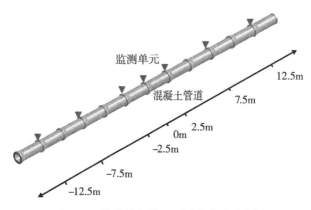

图 7.12 管道轴向接口监测点选取示意图

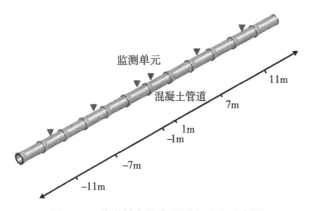

图 7.13 管道轴向管身监测点选取示意图

综上所述,管道整体动力响应表现为随着联络通道爆破开挖深度的增加,管道振动速度逐渐增大,其中 Y 轴方向振动速度对爆破地震起主要控制作用;管道中部首先出现拉应力,并沿管道轴向扩展,中部应力首先达到峰值后呈现出向两端逐渐衰减的趋势;另外,随着联络通道开挖深度的增加,管道上的峰值拉应力也相应增大,并且达到峰值的时间逐

7.3 联络通道施工过程管道动力响应分析

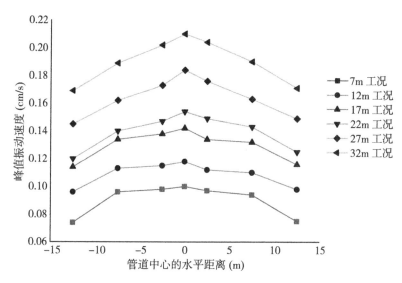

图 7.14 不同工况下接口峰值振动速度曲线

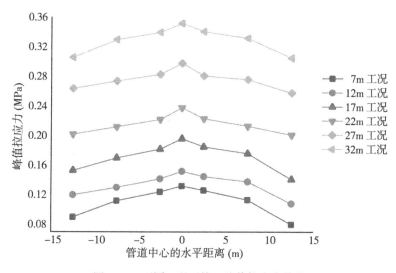

图 7.15 不同工况下接口峰值拉应力曲线

渐提前。

7.3.2 管道承插式接口动力响应特征

由上小节内容可知，管道接口处的动力响应与管体有所不同，现根据数值模拟结果进行分析。为寻找爆破施工过程中管道的最危险截面，对六种不同开挖工况下的管道中部承插口进行单元选取，分别选取承口和插口的底部、中部、顶部以及四对角共十六个模拟单

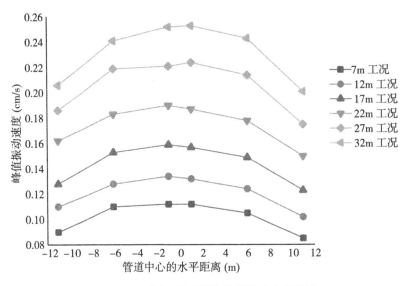

图 7.16 不同工况下管体峰值振动速度曲线

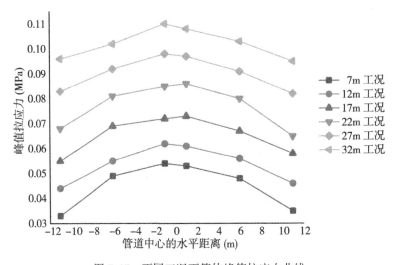

图 7.17 不同工况下管体峰值拉应力曲线

元,具体 LS-DYNA 单元编号如图 7.18 所示。统计各单元计算数据,绘制管道环向承插口处的 Y 轴方向峰值振动速度及峰值拉应力示意图,如图 7.19 所示。

7.3 联络通道施工过程管道动力响应分析

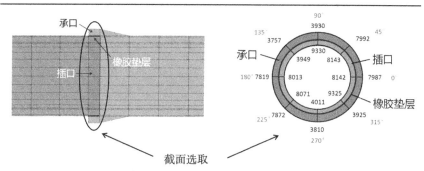

图 7.18 承插口截面及单元选取示意图

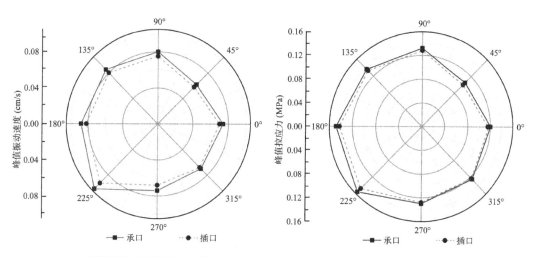

7m 工况承插口环向振动速度　　　　7m 工况承插口环向拉应力

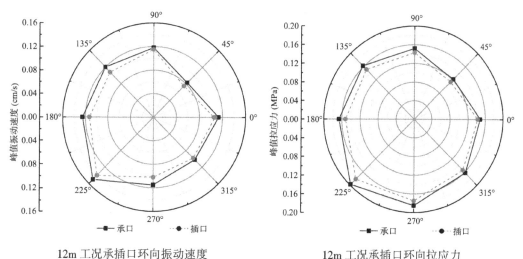

12m 工况承插口环向振动速度　　　　12m 工况承插口环向拉应力

图 7.19 不同工况下承插口环向振动速度与拉应力（a）

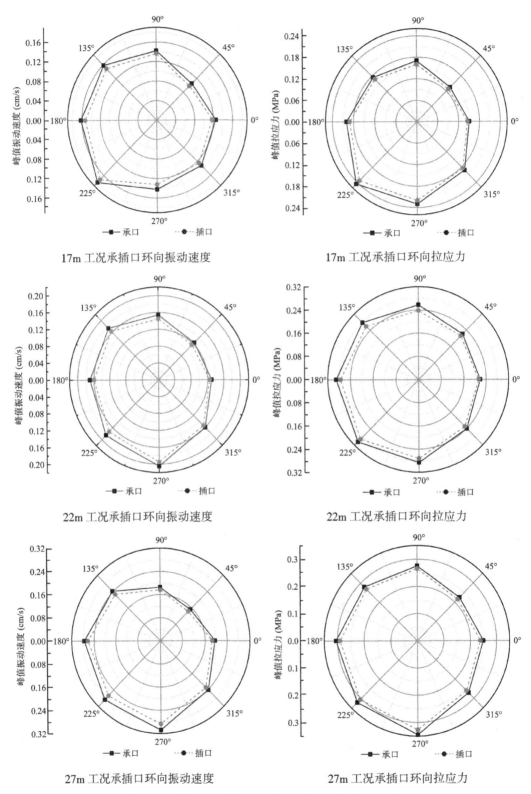

图 7.19 不同工况下承插口环向振动速度与拉应力（b）

7.3 联络通道施工过程管道动力响应分析

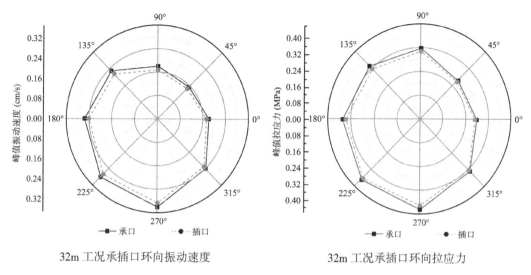

图 7.19 不同工况下承插口环向振动速度与拉应力（c）

从图 7.19 中可以看出，承插口环向峰值振动速度与峰值拉应力均呈现出迎爆面最大、背爆面最小的规律。对比模型选取点在承口与插口之间的数值，可以发现承口处的振动速度和拉应力略大于插口。原因是炸药爆炸后产生的地震波通过岩、土层传递，率先到达管道外部，使管道承口产生动力响应，而后地震波通过接口处的橡胶垫层到达插口，在此过程中橡胶垫层起到减缓冲击的作用，使得插口处产生相对于承口处小的动力响应。从拉应力图中可以看出，迎爆侧承口与插口间的差值要大于背爆侧，说明橡胶垫层对于迎爆面的冲击波的减缓效果更显著，而背爆面本身受到冲击波的影响较小，橡胶垫层的作用不明显。另外，在 22m 开挖工况下，振动速度的峰值出现在管道承插口的正下方，但拉应力的峰值值位于承插口正对迎爆面处；而在 27m、32m 开挖工况下，峰值振速与峰值拉应力均出现在承插口的正下方，可见最大速度的出现位置与管道最大应力的位置不完全一致（Guan et al., 2020）。

7.3.3 管体动力响应特征

由上述分析，爆破产生的地震波率先到达管道中部，且沿轴向扩展，根据爆破地震波传递的最小距离，管道中部迎爆侧为动力响应最大部位。分析 32m 开挖工况下，管道中部承插口附近管体的动力响应情况，沿管道轴向在承插口附近选取四个监测单元，编号分别为 H4011、H3775、H3777、H3779，具体位置如图 7.20 所示，根据模拟结果绘制各监测单元的动力响应情况，如图 7.21、图 7.22 所示。

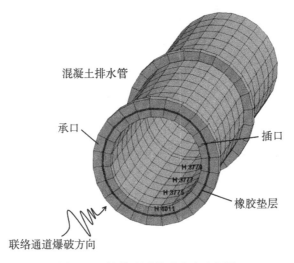

图 7.20　管体监测单元选取示意图

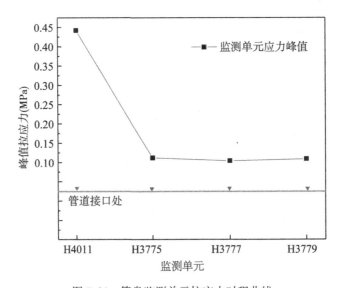

图 7.21　管身监测单元拉应力时程曲线

从图 7.21 监测单元拉应力曲线可以看出，管道在承插口处的拉应力最大，约为 0.445MPa，其余 3 个监测点拉应力最大值约为 0.112MPa。承插口处峰值应力约为其余点峰值的 4 倍，管道在接口处存在应力突变，并沿着轴向迅速下降。这是因为相邻管道承插口在爆破冲击波的作用下产生一定的位移，并在接口处形成应力集中的现象。然而，图 7.22 的振动速度曲线显示了 4 个监测点的振动速度几乎一致，最大值出现在 H3779 处，最小值出现在接口单元 4011 处。另外，统计其余 5 个工况下，相同监测单元的峰值振速及峰值拉应力情况如表 7.8、表 7.9 所示。根据统计结果可知，其余模拟工况所呈现的管

7.3 联络通道施工过程管道动力响应分析

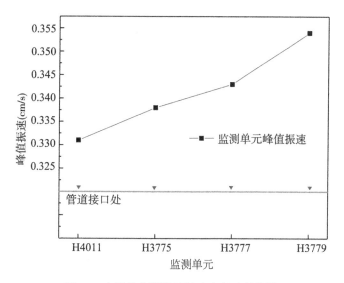

图 7.22 管身监测单元振动速度时程曲线

道动力响应规律与 27m 开挖工况的一致。

综上分析,管道接口处的拉应力远大于相邻管体,但是其振动速度略小于管体;随着与承插接头距离的增加,拉应力对管体的影响减小,管体更加安全。相比于振动速度的差距,拉应力的突增在整个动力响应中起到主要控制作用,因此,管道最脆弱的位置是中部两个管体之间的承插接口部分。

表 7.8　　　　　　　　　　监测单元峰值振动速度（cm/s）

工况	H4011	H3775	H3777	H3779
7m	0.074	0.075	0.081	0.093
12m	0.102	0.114	0.126	0.137
17m	0.136	0.143	0.156	0.167
22m	0.191	0.207	0.219	0.236
27m	0.257	0.298	0.313	0.325
32m	0.331	0.339	0.343	0.354

表 7.9　　　　　　　　　　监测单元峰值拉应力（MPa）

工况	H4011	H3775	H3777	H3779
7m	0.152	0.053	0.052	0.048

续表

工况	H4011	H3775	H3777	H3779
12m	0.186	0.065	0.063	0.062
17m	0.241	0.072	0.071	0.070
22m	0.289	0.086	0.083	0.081
27m	0.327	0.098	0.097	0.095
32m	0.447	0.112	0.109	0.107

7.4 承插式混凝土管道爆破振动安全控制

7.4.1 地表振速与管道振速数学关系的确立

通常在现场爆破施工时，由于管道深埋地下，直接对管道进行监测存在困难。对此，为减小隧道爆破作业下爆破振动对排水管的扰动，在对其进行微振动控制时，大多直接对管道正上方地表进行振动速度的监测（朱斌等，2020）。由上节内容可知，管道中部承插接口处的动力响应最大，选取并统计管道中部接口单元与其正上方地表的峰值振速，如图7.23、图7.24所示。由图7.24可知，地表峰值振动速度和管道峰值振动速度随着爆破施工的推进而增大。根据以上分析，统计各工况管道最危险截面及其正上方地表监测点的数值模拟结果如表7.10所示，分析地表与管道振动响应的数学关系。

表7.10　　　　　　管道与地表监测单元振动速率与拉应力

开挖工况	管道监测点振速（cm/s）	地表监测点振速（cm/s）	管道监测点拉应力（MPa）
7m	0.074	0.146	0.152
12m	0.102	0.200	0.186
17m	0.136	0.251	0.241
22m	0.191	0.326	0.289
27m	0.257	0.410	0.327
32m	0.331	0.544	0.447

统计管道和地表各监测单元在 Y 轴方向上的峰值振动速度，绘制拟合曲线如图7.25所示。承插式混凝土管道和正上方地表土体振动速度拟合曲线公式为

7.4 承插式混凝土管道爆破振动安全控制

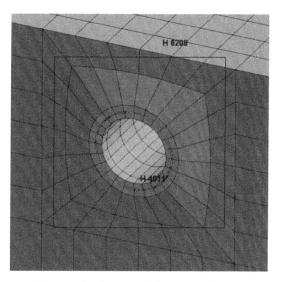

图 7.23 管道中部及对应地表监测点选取

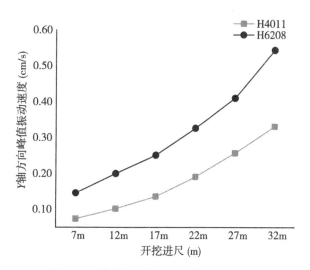

图 7.24 管道与地表监测点振动速度曲线

$$v_g = 1.492v_p + 0.0416 \tag{7.5}$$

式中：v_g 为正上方地表土体 Y 轴方向峰值振动速度，cm/s；v_p 为管道轴向监测单元峰值振动速度，cm/s。从拟合曲线中可以看出，地表监测点的振动速度大于管道监测点。原因是管道选取单元位于管道内壁，地震波传递至橡胶垫层时得到减缓，爆破振动传递到地表监测点的强度要大于管道监测点。

统计各工况下管道监测点的峰值振动速度与峰值拉应力，绘制拟合曲线如图 7.26 所

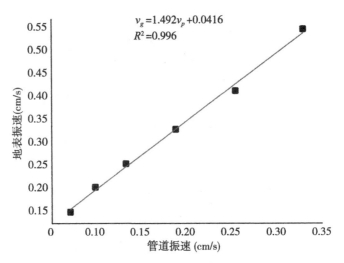

图 7.25 地表与管道监测单元振动速度拟合曲线

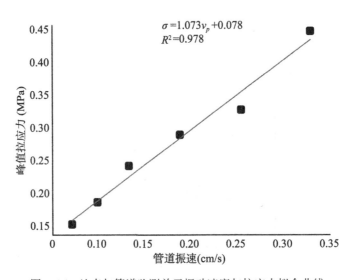

图 7.26 地表与管道监测单元振动速度与拉应力拟合曲线

示。承插式混凝土管道峰值振动速度与峰值拉应力拟合曲线公式为

$$\sigma = 1.073 v_p + 0.078 \tag{7.6}$$

式中：σ 为管道监测点峰值拉应力，MPa；v_p 为管道监测点 Y 轴方向峰值振动速度，cm/s。

7.4.2 基于承插式混凝土管道材料失效的振动速度安全控制标准

传统的材料强度计算理论常假设材料为均质、连续体，但事实上，钢筋混凝土管道的失效是因管道表面的宏观裂缝受外界荷载作用发生扩展而造成的。混凝土管道受爆破振动荷载作用,其表面宏观裂缝会受动拉应力作用,因混凝土材料受拉强度低的特性,当所受动拉应力大于裂缝抗裂强度时,管道发生扩展而破坏(蔡清裕等,2003)。

在动态荷载作用下,不考虑应变速率时,混凝土结构的极限动抗拉强度取 2.099MPa,参考《混凝土结构设计规范》(GB 50010—2010)中给出的 C35 混凝土轴心抗拉强度标准值 f_{tk} = 2.20MPa,混凝土轴心抗拉强度设计值 f_t = 1.57MPa,取 $a = f_{tk}/f_t$ = 1.40 为混凝土结构极限动抗拉强度的修正系数。得到混凝土管道在正常使用条件下的极限动抗拉强度 f = 1.50MPa。

依据管道混凝土的抗拉强度,由最大拉应力强度理论即可得到管道的爆破控制峰值振速。结合式(7.6)可以得到破坏失效时管道上的质点振动速度为 1.33cm/s。再由式(7.5)计算得到地表控制振速为 2.03cm/s。相比于数值模拟中管道监测单元峰值振动速度可知,本联络通道爆破施工过程中,混凝土管道不会产生材料破坏失效。

7.4.3 基于承插式混凝土管道接口失效的振动速率安全控制标准

爆破振动会使柔性接头两侧管身产生相对位移。《给水排水管道工程施工及验收规范》(GB 50268—2008)中规定的预(自)应力混凝土管沿曲线安装接口的允许转角,内径为 800~1400mm 的管道允许转角为 1.0°。相邻管道发生的相对位移为两管道不同方向的偏转位移之和(夏宇磐等,2020),如图 7.27 所示。承插式接口处偏转角可通过相邻管道偏转位移和除以管道长度近似得到,即

$$\theta = \frac{|\Delta s|}{\Delta l} \times \frac{180°}{\pi} \tag{7.7}$$

式中:Δs 表示竖向位移差;Δl 表示每段管道的长度。

选取图 7.23 所示的各工况下管道中部接口监测点,统计相邻管道接口处偏转位移并计算偏转角度如表 7.11 所示。

表 7.11　　　　　　　　　　中部接口底部监测点振动速度与相对位移

工况	偏转位移(cm)	偏转角度(°)	峰值振动速度(cm/s)
7m	0.253	0.058	0.074
12m	0.262	0.060	0.102
17m	0.270	0.062	0.136
22m	0.292	0.067	0.191
27m	0.345	0.079	0.257
32m	0.403	0.092	0.331

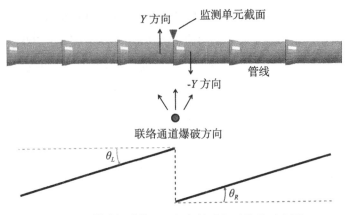

图 7.27 爆破振动作用下相邻管道相对位移示意图

使用 1stOp 软件对以上数据进行非线性拟合，得到拟合曲线如图 7.28 所示。拟合公式为

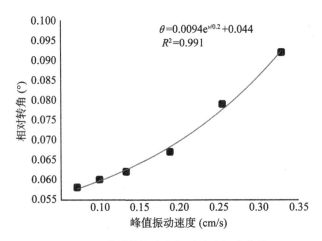

图 7.28 管道偏转角与振动速度拟合曲线

$$\theta = 0.0094 e^{v/0.2} + 0.044 \tag{7.8}$$

式中：v 为监测点峰值振动速度；θ 为相邻管道相对转角。

拟合公式相关系数 $R^2 = 0.991$，说明非线性拟合效果良好。利用拟合公式得到管道接口失效，即相对转角达到 1°时，管道监测点的峰值振动速度为 0.93cm/s，再根据管道与正上方地表土体振动速度拟合公式［式（7.5）］，可得承插式混凝土管道接口失效时地表振动控制振速为 1.43cm/s。同样，根据后续开挖工况的数值模拟结果，本爆破工程引起的动力响应不会使承插式混凝土排水管道产生转角失效。

对比管道材料与承插口的失效判据可知,爆破作用下管道承插口失效较之材料破坏更易受到有害效应的影响。胶圈承插式混凝土管道整体的破坏应以承插口处的失效判据来判定,管道最大振速方向的安全振动速度应该控制在 1.43cm/s 以内。此研究结果为类似工程提供了确定地表控制振动速度的方法,可方便地通过监测管道地表振速来反映管道在爆破振动下的安全情况。

7.4.4 管道安全控制现场效果检验

为实现管道爆破振动的安全控制,对后续六种工况爆破施工现场监测与数值模拟的结果进行比较,对比分析结果如表 7.12 所示。

表 7.12　　后续工况现场与模拟峰值振速比较

工况	现场数据(cm/s)	模拟数据(cm/s)	误差(%)
7m	0.139	0.146	5.0
12m	0.176	0.200	12.0
17m	0.226	0.251	10.0
22m	0.284	0.326	12.9
27m	0.378	0.410	7.8
32m	0.521	0.544	4.4

由表 7.12 可知,现场监测与数值模拟两者的峰值振速大小接近,最大误差仅为 12.9%,进一步验证了本次数值模拟的可靠性;从后续工况的监测数据可知,地表峰值振速均未超过承插式混凝土管道材料失效(2.03cm/s)及转角失效(1.43cm/s)的安全判据数值,且现场未发现地表开裂及渗漏水现象,管线运营正常,本联络通道爆破施工作用下管道安全控制的现场效果得以验证。

7.5　本章小结

本章结合武汉地铁 8 号线联络通道爆破开挖现场生产背景,采用振动速度监测与数值模拟计算相结合的研究方法,计算分析了不同爆破工况下,承插式混凝土管道管体、接口部分的振动速度与拉应力情况,对后期爆破工程引起的承插式混凝土管道动力响应进行预测分析,为工程的顺利进行提供了实际指导。本章得到的主要结论如下:

(1) 运用动力有限元软件 LS-DYNA 模拟计算爆破现场情况，研究表明：

①数值模拟中，将岩体、回填土和管道认为是均匀连续的材料，忽略充填体孔隙、岩体节理和软弱结构面，以至于爆破应力波在模拟模型中的衰减速度和传播速度均比实际场地慢，数值模拟的振动速度略高于实际振动速度。

②比较数值模拟与现场实测两者地表监测点的振动速度数值及 Y 轴方向振动速度时程曲线，两者的数值大小相近且变化规律基本吻合，由此可知，本次数值模拟的材料参数选取以及模型设计是可靠的，运用数值模拟能够对现场难以监测的关键部位进行有效的计算分析。

(2) 不同模拟工况下，分析承插式混凝土管道管体及接口部分动力响应情况，研究表明：

①在掘进 7~32m 的过程中，随着爆破与管道位置距离的减小，Y 轴方向（即垂直方向）的振速增幅最大，即 Y 轴方向速度对爆破地震造成的管道振动响应起主要控制作用。随着隧道爆破开挖进程中爆源与管道的水平距离越来越小，管道上方土体的振速整体呈现出逐渐增大的趋势，距离爆源越近的土体振速越大。

②不同时刻下混凝土管道拉应力首先传递到管道中部，然后沿管道轴线向两端扩展，在正对爆源的管道中部出现峰值应力，使得管道处于受力最大时刻，之后应力数值出现震荡变化，并在某时刻开始呈现，由中部沿轴向逐渐衰减的趋势。

③承插口环向峰值振动速度与峰值拉应力均呈现出迎爆面最大、背爆面最小的规律。承口处的振动速度和拉应力略大于插口。迎爆侧承口与插口间的差值要大于背爆侧，橡胶垫层对于迎爆面的冲击波的减缓效果更加显著。此外，管道上峰值振动速度与峰值应力的出现位置不完全一致。

④由于相邻管道承插口在爆破冲击波的作用下产生一定的位移，在接口处形成应力集中的现象。使得管道在承插口处的拉应力最大，且存在应力突变，并沿着轴向迅速下降，然而振动速度时程曲线显示监测点的振动速度几乎一致。管道接口处的拉应力远大于相邻管体，但是其振动速度略小于管体；随着离承插接头距离的增加，拉应力对管体的影响减小，管体更加安全。相比于振动速度的差距，拉应力的突增在整个动力响应中起到主要控制作用，管道最脆弱的位置是中部两个管体之间的承插接口部分。

(3) 通过地表与管道的动力响应分析，进行承插式混凝土的安全控制，研究表明：

①地表峰值振动速度和管道峰值振动速度随着爆破施工的推进而增大。通过统计各工况管道最危险截面及其正上方地表监测点的数值模拟结果，分析得到地表与管道振动响应存在一一对应的数学关系，并可通过线性拟合呈现。

②混凝土管道受爆破振动荷载作用下，其表面宏观裂缝会受动拉应力作用，因混凝土

材料受拉强度低的特性，当所受动拉应力大于裂缝抗裂强度时，管道发生扩展而破坏。依据管道混凝土的最大拉应力强度理论，即可得到管道的爆破控制峰值振速：结合式（7.6）可以得到破坏失效时，管道上的质点振动速度为1.33cm/s。再由式（7.5）计算得到地表控制振速为2.03cm/s。相比于后续数值模拟工况中管道监测单元的峰值振动速度可知，本联络通道爆破施工过程中，混凝土管道不会产生材料破坏失效。

③爆破振动会使柔性接头两侧管身产生相对位移，相邻管道发生的相对位移为两管道不同方向的偏转位移之和。利用拟合公式［式（7.8）］得到管道接口失效，即相对转角达到1°时，管道监测点的峰值振动速度为0.93cm/s，再根据管道与正上方地表土体振动速度拟合公式［式（7.5）］，可得承插式混凝土管道接口失效时地表振动控制振速为1.43cm/s。根据后续开挖工况的数值模拟结果，本爆破工程引起的动力响应不会使承插式混凝土排水管道产生转角失效。

（4）对后续六种工况爆破施工现场监测与数值模拟的结果进行比较，现场监测与数值模拟两者的峰值振速大小接近，进一步验证了本次数值模拟的可靠性；从后续工况的监测数据可知，地表峰值振速均未超过承插式混凝土管道材料失效（2.03cm/s）及转角失效（1.43cm/s）的安全判据数值，本联络通道爆破施工作用下，管道安全控制的现场效果得以验证。

参 考 文 献

[1] Abedi A S, Hataf N, Ghahramani A. Analytical solution of the dynamic response of buried pipelines under blast wave [J]. International Journal of Rock Mechanics and Mining Sciences, 2016, 88: 301-306.

[2] Agrawal H, Mishra A K. Modified scaled distance regression analysis approach for prediction of blast-induced ground vibration in multi-hole blasting [J]. J. Rock Mech. Geotech. Eng., 2019, 11 (1): 202-207.

[3] Ambraseys N N, Hendron A J. Dynamic behaviour of rock masses [M] //Ambraseys N N. Rock mechanics in engineering practice. Wiley, New York, 1968: 203-207.

[4] Bertini L, Frendo F, Marulo G. Effects of plate stiffness on the fatigue resistance and failure location of pipe-to-plate welded joints under bending [J]. International Journal of Fatigue, 2016, 90: 78-86.

[5] Chen Z L, Chen J Y, Liu H, et al. Present status and development trends of underground space in Chinese cities: Evaluation and analysis [J]. Tunnelling & Underground Space Technology, 2018, 71: 253-270.

[6] Daddazio R P, Atkatsh R S, Chan K K. Dynamic inelastic shock analysis of naval structure using EPSA [M]. Weidlinger Associates, inc., 1989.

[7] Das R R, Baishya N, Verma K, et al. Fluid-structure interaction based adhesion failure analysis of bonded tubular socket joints [J]. Procedia Engineering, 2016, 144: 1260-1269.

[8] Saiang D. Stability analysis of the blast-induced damage zone by continuum and coupled continuum-discontinuum methods [J]. Enginnering Geology, 2010, 116 (1): 1-11.

[9] DIN 4150-3 Structural vibration—Part 3: Effects of vibration on structures [P]. Germany, 1999.

[10] Dowding C H. Blast vibration monitoring and control [M]. New Jersey: Prentice-Hall, 1985: 167-171.

[11] Duvall W I, Fogelson D E. Review of criteria for estimating damage to residences from blasting vibrations [M]. Bureau of Mines, College Park, 1962.

[12] Esparzza E D, Westine P S, Wenzel A B. Pipeline response to buried explosive detonations: Vol. 2: technicalreport [R]. Arlington, USA: American Gas Association, 1981.

[13] Francini R B, Baltz W N. Blasting and construction vibrations near existing pipelines: what are the appropriate levels? [J]. Journal of Pipeline Engineering, 2009, 8 (4): 253-262.

[14] Gad E F, Wilson J L, Balendra T, et al. Response of pipelines to blast loading [J]. Australian Journal of Structural Engineering, 2007, 7 (3): 197-207.

[15] Li G, Wang W, Duan X M, et al. Axial load capacity and failure mechanism of flange and ring joints of process piping system [J]. Journal of Constructional Steel Research, 2021, 178 (s1): 106492.

[16] Giannaros E, Kotzakolios T, Kostopoulos V. Blast response of composite pipeline structure using finite element techniques [J]. Journal of Composite Materials, 2016, 50 (25): 3459-3476.

[17] Giovanni M, Andrea D M, Alberto C. Assessment of root failures in tube-to-flange steel welded joints under torsional loading according to the Peak Stress Method [J]. Theoretical and Applied Fracture Mechanics, 2016, 83.

[18] Guan X, Wang X, Zhu Z, et al. Ground vibration test and dynamic response of horseshoe-shaped pipeline during tunnel blasting excavation in Pebbly Sandy Soil [J]. Geotechnical and Geological Engineering, 2020, 38 (4): 3725-3736.

[19] Guan X, Zhang L, Wang Y, et al. Velocity and stress response and damage mechanism of three types pipelines subjected to highway tunnel blasting vibration [J]. Engineering Failure Analysis, 2020, 118 (1): 104840.

[20] Hallquist J O. LS-DYNA keyword user's manual version 971 [R]. Livermore Software Technology Corporation, 2007.

[21] Hosseini M, Beiranvand P, Kalantari L. Investigation of influence the pressure and stress on the water in buried concrete pipes in the different soil under blast loading [J]. Journal of Civil Engineering and Structures, 2017, 1 (1): 52-66.

[22] Jayasinghe L B, Zhou H Y, Goh A T C, et al. Pile response subjected to rock blasting induced ground vibration near soil-rock interface [J]. Computers & Geotechnics, 2017, 82: 1-15.

参考文献

[23] Jiang H, Xu T, Zhao D. Dynamic response and limit analysis of buried high-pressure gas pipeline under blasting load based on the Hamilton principle [J]. Journal of Vibroengineering, 2017, 19 (1): 376-393.

[24] Jiang N, Gao T, Zhou C, et al. Safety assessment of upper buried gas pipeline under blasting vibration of subway tunnel: a case study in Beijing subway line [J]. Journal of Vibroengineering, 2019, 21 (4): 888-900.

[25] Jiang N, Gao T, Zhou C, et al. Effect of excavation blasting vibration on adjacent buried gas pipeline in a metro tunnel [J]. Tunnelling and Underground Space Technology, 2018, 81: 590-601.

[26] Jiang N, Zhou C. Blasting vibration safety criterion for a tunnel liner structure [J]. Tunnelling & Underground Space Technology, 2012, 32 (6): 52-57.

[27] Jiang N, Zhu B, He X, et al. Safety assessment of buried pressurized gas pipelines subject to blasting vibrations induced by metro foundation pit excavation [J]. Tunnelling and Underground Space Technology, 2020, 102: 103448.

[28] Kouretzis G P, Bouckovalas G D, Gantes C J. Analytical calculation of blast-induced strains to buried pipelines [J]. International Journal of Impact Engineering, 2007, 34 (10): 1683-1704.

[29] Kuhlemeyer R L, Lysmer J. Finite Element Method Accuracy for Wave Propagation Problems [J]. Journal of Soil Mechanics and Foundations Division, 1973, 99: 421-427.

[30] Lai H S, Huan S, et al. Effects of defects on failure of butt fusion welded polyethylene pipe [J]. International Journal of Pressure Vessels and Piping, 2016 (s139-140): 117-122.

[31] Langhaar H L. Dimensional analysis and theory of models [M]. John Wiley, 1951.

[32] Li H B, Xia X, Li J C, et al. Rock damage control in bedrock blasting excavation for a nuclear power plant [J]. International Journal of Rock Mechanics and Mining Sciences, 2011, 48 (2): 210-218.

[33] Li J, Ma G. Analysis of blast wave interaction with a rock joint [J]. Rock Mechanics & Rock Engineering, 2010, 43 (6): 777-787.

[34] Libersky L D, Petschek A G, Carney T C, et al. High strain Lagrangian hydrodynamics: a three-dimensional SPH code for dynamic material response [J]. Journal of computational physics, 1993, 109 (1): 67-75.

[35] Liu M B, Liu G R, Lam K Y. Investigations into water mitigation using a meshless particle method [J]. Shock Waves, 2002, 12 (3): 181-195.

[36] Lu G Y, Zhang S Y, Lei J P, et al. Dynamic responses and damages of water-filled pre-pressurized metal tube impacted by mass [J]. International journal of impact engineering, 2007, 34 (10): 1594-1601.

[37] Lu S, Pan Y, Gu W. High-order thin layer method for viscoelastic wave propagation in stratified media [J]. Computer Methods in Applied Mechanics & Engineering, 2013, 257 (257): 65-76.

[38] Lysmer J, Kuhlemeyer R L. Finite dynamic model for infinite media [J]. Journal of the Engineering Mechanics Division, 1969, 95 (4): 859-878.

[39] Mizuno Y, Endo T, Miyaoka T, et al. Nucleotides. II. Syntheses and deblocking of 1-oxido-2-pyridylmethylprotected nucleosides and nucleotides [J]. The Journal of organic chemistry, 1974, 39 (9): 1250-1255.

[40] Mohamadnejad M, Gholami R, Ataei M. Comparison of intelligence science techniques and empirical methods for prediction of blasting vibrations [J]. Tunnelling and Underground Space Technology incorporating Trenchless Technology Research, 2012, 28: 238-244.

[41] Mohamed A M E. Quarry blasts assessment and their environmental impacts on the nearby oil pipelines, southeast of Helwan City, Egypt [J]. NRIAG Journal of Astronomy and Geophysics, 2013, 2 (1): 102-115.

[42] Mohammad H, Rohollah K. Numerical simulation of GFRP blanket effect on reducing the deformation of X65 buried pipelines exposed to subsurface explosion [J]. Mechanics of composite materials, 2019, 54 (6): 733-744.

[43] Mokhtari M, Nia A A. A parametric study on the mechanical performance of buried X65 steel pipelines under subsurface detonation [J]. Archives of Civil and Mechanical Engineering, 2015, 15 (3): 668-679.

[44] Mokhtari M, Nia A A. The application of CFRP to strengthen buried steel pipelines against subsurface explosion [J]. Soil Dynamics and Earthquake Engineering, 2016, 87: 52-62.

[45] Monti P, Molinari C, Bocciarelli M, et al. Structural integrity assessment of a pipeline subjected to an underwater explosion [C] //ASME 2011, International Conference on Ocean, Offshore and Arctic Engineering, 2011: 159-168.

[46] Nateghi R, Kiany M, Gholipouri O. Control negative effects of blasting waves on concrete of the structures by analyzing of parameters of ground vibration [J]. Tunnelling & Underground Space Technology, 2009, 24 (6): 608-616.

[47] Nourzadeh D, Takada S, Bargi K. Response of buried pipelines to underground blast

loading [C] //5th Civil Engineering Conference in the Asian Region and Australasian Structural Engineering Conference 2010. Engineers Australia, 2010: 233.

[48] Olarewaju A J, Kameswara Rao N S V, Mannan M A. Response of underground pipes due to blast loads by simulation-an overview [J]. Electronic Journal of Geotechnical Engineering, 2010, 15 (H): 831-852.

[49] Parviz M, Aminnejad B, Fiouz A R. Evaluation of pressure distribution in buried pipes with liquid in the explosion [J]. Archives of Civil Engineering, 2019, 65 (3): 3-14.

[50] Parviz M, Aminnejad B, Fiouz A. Numerical simulation of dynamic response of water in buried pipeline under explosion [J]. KSCE Journal of Civil Engineering, 2017, 21 (7): 2798-2806.

[51] Provatidis C, Kanarachos A, Venetsanos D. Strength analysis of buried curved pipes due to blast explosions [J]. WIT Transactions on the Built Environment, 2000, 48: 1-10.

[52] Tang Q C, Nan J, Yao Y K, et al. Safety assessment of buried gas pipeline subject to surface explosion: A case study in Wuhan, China [J]. Engineering Failure Analysis, 2020, 120: 105119.

[53] Qu Y, Li Z, Zhang R, et al. Dynamic performance prediction and influencing factors analysis of buried polyethylene pipelines under subsurface localized explosion [J]. International Journal of Pressure Vessels and Piping, 2021, 189: 104252.

[54] Rigas F P. One-step estimation method and nomogram to predict safety distances of pressurized gas pipelines from blast sources [J]. Journal of Loss Prevention in the Process Industries, 2020, 69 (4): 104345.

[55] Scott A A, Teerawut J. Response of single piles and pipelines in liquefaction-induced lateral spreads using controlled blasting [J]. Earthquake Engineering and Engineering Vibration, 2002, 1 (2): 181-193.

[56] Shi C H, Zhao Q, Lei M, et al. Vibration velocity control standard of buried pipeline under blast loading of adjacent tunnel [J]. Soils and Foundations, 2019, 59 (6): 2195-2205.

[57] Siskind D E, Stachura V J, Stagg M S, et al. Structure response and damage produced by airblast from surface mining [M]. Minneapolis Mn U. s. department of the Interior Bureau of Mines Ri, 1980.

[58] Siskind D E. Surface mine blasting near pressurized transmission pipelines [J]. Mining Engineering, 1994, 46 (12): 1357-1360.

[59] SNV (Swiss Association for Standardization). Vibrations—Vibration effects in buildings: SN640312) [P]. 1992.

[60] Sohrabi-Bidar A, Moradi A. Consideration of gas pipeline safety against vibration of blasting; Case study: Excavation in Arak-Khorramabad freeway route [J]. Journal of the Earth & Space Physics, 2017, 43 (2): 297-308.

[61] Song K, Long Y, Ji C, et al. Experimental and numerical studies on the deformation and tearing of X70 pipelines subjected to localized blast loading [J]. Thin-Walled Structures, 2016, 107: 156-168.

[62] Song X L, Zhang J C, Guo X B, et al. Influence of blasting on the properties of weak intercalation of a layered rock slope [J]. International Journal of Minerals, Metallurgy and Materials, 2009, 16: 7-11.

[63] Steel B, July P. Guidelines for the Design of Buried Steel Pipe [M]. 2005.

[64] Su H, Huang J, Xiao D, et al. Analysis of characteristics of compound vibration and effects to surrounding gas pipeline caused by impact and explosion [J]. Procedia Engineering, 2011, 26: 1835-1843.

[65] Tang Q, Jiang N, Yao Y, et al. Experimental investigation on response characteristics of buried pipelines under surface explosion load [J]. International Journal of Pressure Vessels and Piping, 2020, 183.

[66] Trivino L F, Mohanty B, Milkereit B. Seismic waveforms from explosive sources located in boreholes and initiated in different directions—Science Direct [J]. Journal of Applied Geophysics, 2012, 87 (12): 81-93.

[67] Verma A K, Singh T N. Intelligent systems for ground vibration measurement: a comparative study [J]. Engineering with Computers, 2011, 27 (3): 225-233.

[68] Wang C. Research on water pipe risk assessment using Bayesian theory [D]. Tianjin: Tianjin University, 2010.

[69] Wang Y G, Liao C, Wang J H. Numerical investigation of pore pressure effect on blast-induced pipeline-seabed interaction [J]. Applied Ocean Research, 2018, 77: 61-68.

[70] Won J H, Kim M K, Kim G, et al. Blast-induced dynamic response on the interface of a multilayered pipeline [J]. Structure and Infrastructure Engineering, 2014, 10 (1): 80-92.

[71] Wu Y S, Price W G. Advances in hydroelasticity of ships [M]. 1993.

[72] Xia Y, Jiang N, Zhou C, et al. Safety assessment of upper water pipeline under the

blasting vibration induced by Subway tunnel excavation [J]. Engineering Failure Analysis, 2019, 104: 626-642.

[73] Xu G F, Deng Z D, Deng F F, et al. Numerical simulation on the dynamic response of buried pipelines subjected to blast loads [C] //Advanced Materials Research. Trans Tech Publications Ltd., 2013, 671: 519-522.

[74] Xu S, Zhou J, Mu C L. Blow-up Analysis for a nonlinear diffusion system with nonlinear coupled boundary conditions [J]. Journal of Southwest China Normal University (Natural Science), 2007, 32 (3): 47-52.

[75] Yang R, Bawden W F, Katsabanis P D. A new constitutive model for blast damage [J]. International Journal of Rock Mechanics & Mining Sciences & Geomechanics Abstracts, 1996, 33 (95): 245-254.

[76] Yi C, Sjoeberg J, Johansson D. Numerical modelling for blast-induced fragmentation in sublevel caving mines [J]. Tunnelling & Underground Space Technology, 2017, 68 (10): 167-173.

[77] Zhang B Y, Li H H, Wang W. Numerical study of dynamic response and failure analysis of spherical storage tanks under external blast loading [J]. Journal of Loss Prevention in the Process Industries, 2015, 34: 209-217.

[78] Zhang J, Zhang H, Zhang L, et al. Buckling Response Analysis of Buried Steel Pipe under Multiple Explosive Loadings [J]. Journal of Pipeline Systems Engineering and Practice, 2020, 11 (2): 04020010.

[79] Zhong D, Gong X, Han F, et al. Monitoring the dynamic response of a buried polyethylene pipe to a blast wave: An experimental study [J]. Applied Sciences, 2019, 9 (8): 1663.

[80] Zhu B, Jiang N, Zhou C, et al. Dynamic failure behavior of buried cast iron gas pipeline with local external corrosion subjected to blasting vibration [J]. Journal of Natural Gas Science and Engineering, 2021, 88: 1038031-1038033.

[81] 蔡清裕, 崔伟峰, 向东, 等. 模拟刚性动能弹丸侵彻混凝土的FE-SPH方法 [J]. 国防科技大学学报, 2003, 25 (6): 87-90.

[82] 常向阳, 王自力. 爆炸成型弹丸侵彻钢靶的ALE算法 [J]. 解放军理工大学学报 (自然科学版), 2004 (3): 70-73.

[83] 陈宏涛, 程贵海. 临近燃气管道的爆破质点峰值振速预测 [J]. 工程爆破, 2020, 26 (2): 80-86.

[84] 陈明, 卢文波, 李鹏, 等. 岩质边坡爆破振动速度的高程放大效应研究 [J]. 岩石力

学与工程学报, 2011, 30 (11): 2189-2195.

[85] 陈洋, 吴亮, 许锋, 等. 爆破开挖振动下既有大型储油罐的动力响应 [J]. 爆炸与冲击, 2018, 38 (6): 1394-1403.

[86] 谌贵宇, 纪冲, 王棠昱, 等. 爆炸地震波作用下埋地油气管道动力响应研究 [J]. 天然气与石油, 2015, 33 (5): 1-5, 7.

[87] 程围峰, 梁旭, 王振宇. 隧道爆破施工对临近输油管道的影响评价 [J]. 石油工程建设, 2011, 37 (4): 44-46, 9.

[88] 崔志刚. 林区伴行公路靠近原油管道处石方开挖爆破施工 [J]. 油气田地面工程, 2014, 33 (11): 99.

[89] 戴联双, 张海珊, 孟国忠, 等. 在役油气管道周边爆破作业风险分析 [J]. 油气储运, 2012, 31 (11): 801-803, 887.

[90] 都的箭, 刘志杰, 马书广. 埋地管线在爆炸地冲击作用下的数值模拟 [J]. 地下空间与工程学报, 2007, 3 (1): 181-186.

[91] 都的箭, 马书广, 杨惊东. 埋地管道爆炸地冲击作用的试验研究 [J]. 工程爆破, 2006, 12 (2): 19-23.

[92] 费雪松, 蔡亮, 李建国, 等. 爆破对长输管道安全性影响的定量分析 [J]. 全面腐蚀控制, 2020, 34 (5): 54-56, 107.

[93] 冯卫民, 宋立, 肖光宇. 基于ADINA的压力管道流固耦合分析 [J]. 武汉大学学报 (工学版), 2009 (2): 264-267.

[94] 高富强, 侯爱军, 杨小林, 等. 基于量纲理论的爆破振动频率分析 [J]. 爆破, 2010 (3): 5-7, 12.

[95] 高启栋, 卢文波, 杨招伟, 等. 垂直孔爆破诱发地震波的成分构成及演化规律 [J]. 岩石力学与工程学报, 2019, 38 (1): 18-27.

[96] 高坛, 周传波, 蒋楠, 等. 基坑开挖爆破下临近管道振动速度安全阈值研究 [J]. 安全与环境学报, 2017, 17 (6): 28-31.

[97] 高文乐, 李坤鹏, 段耀奎, 等. 埋地输油管道对爆破振动的动力响应 [J]. 爆破器材, 2021, 50 (1): 53-58.

[98] 高文学, 颜鹏程, 李志星, 等. 浅埋隧道爆破开挖及其振动效应研究 [J]. 岩石力学与工程学报, 2011, 30 (S2): 4153-4157.

[99] 中华人民共和国交通部. JTG 3362—2018 公路钢筋混凝土及预应力混凝土桥涵设计规范 [S]. 北京: 人民交通出版社, 2018.

[100] 龚相超, 钟东望, 司剑锋, 等. 高饱和黏性土中爆炸波作用下直埋钢管 (空管) 动

态响应 [J]. 爆炸与冲击, 2020, 40 (2): 13-25.

[101] 管晓明, 余志伟, 宋景东, 等. 隧道超小净距下穿深埋供水管线爆破监测及减振技术研究 [J]. 土木工程学报, 2017, 50 (S2): 160-166.

[102] 管晓明, 张良, 王利民, 等. 隧道近距下穿管线的爆破振动特征及安全标准 [J]. 中南大学学报（自然科学版）, 2019, 50 (11): 2870-2885.

[103] 何如. 下穿隧道爆破作用下建筑结构的动力响应特征研究 [D]. 武汉: 中国地质大学（武汉）, 2018.

[104] 胡宗耀, 蒋楠, 周传波, 等. 高密度聚乙烯波纹管爆破振动动力响应尺寸效应 [J]. 振动工程学报, 2022 (3): 606-615,

[105] 黄一文, 蒋楠, 周传波, 等. 承插式混凝土管道爆破振动动力响应尺寸效应研究 [J]. 振动工程学报, 2021, 34 (5): 969-977.

[106] 贾晓旭. 城区复杂环境下地铁开挖控制爆破关键技术研究 [D]. 石家庄: 石家庄铁道大学, 2017.

[107] 姜锐. 爆破振动对临近埋地管道安全影响的测试与分析 [D]. 绵阳: 西南科技大学, 2017.

[108] 蒋楠, 周传波. 爆破振动作用下既有铁路隧道结构动力响应特性 [J]. 中国铁道科学, 2011 (6): 63-68.

[109] 李付胜. 城市隧道掘进爆破数值模拟及震动效应控制研究 [D]. 重庆: 重庆大学, 2008: 97-105.

[110] 李利平, 李术才, 张庆松, 等. 浅埋大跨隧道现场试验研究 [J]. 岩石力学与工程学报, 2007, 26 (S1): 3565-3571.

[111] 李强, 陈德利, 屈洋. 爆破对输气管道本体影响的监测 [J]. 油气储运, 2015, 34 (2): 190-194.

[112] 李晓勇, 崔村燕, 陈景鹏, 等. LS-DYNA 软件开展爆炸冲击波计算时需考虑的问题 [J]. 装备学院学报, 2014 (4): 79-84.

[113] 李又绿, 姚安林, 赵师平, 等. 爆炸载荷对埋地输气管道的动力响应和极限载荷分析 [J]. 焊管, 2009, 32 (11): 63-69.

[114] 李子华, 胡云峰, 刘光铭, 等. 繁华城区明挖地铁基坑微振控制爆破技术 [J]. 铁道建筑, 2015 (4): 89-92.

[115] 梁向前, 谢明利, 冯启, 等. 地下管线的爆破振动安全试验与监测 [J]. 工程爆破, 2009, 15 (4): 66-68.

[116] 林世雄. 爆破安全评估的新设备——TC-4850 爆破测振仪 [J]. 爆破, 2008, 25

(2): 33-33.

[117] 刘辉喜. 爆破荷载作用下管道动力响应及振速控制标准分析 [J]. 西部探矿工程, 2021, 33 (3): 181-184.

[118] 刘建民, 陈文涛. 爆炸荷载下埋地管道动力响应分析研究 [J]. 工程爆破, 2008, 14 (2): 20-24.

[119] 刘润, 郭绍曾, 王洪播, 等. 渤海湾软黏土对埋设海底管线约束力的研究 [J]. 岩土工程学报, 2013, 35 (5): 961-967.

[120] 刘学通. 爆破振动下埋地天然气管道的动力响应研究 [D]. 成都: 西南交通大学, 2015.

[121] 刘珣, 李威信, 张晓萍, 等. 爆破施工对天然气管道安全影响的评估咨询 [J]. 煤气与热力, 2018, 38 (4): 43-46.

[122] 楼晓明, 周文海, 简文彬, 等. 微差爆破振动波速度峰值-位移分布特征的延时控制 [J]. 爆炸与冲击, 2016, 36 (6): 839-846.

[123] 卢文波, Hustrulid W. 质点峰值振动速度衰减公式的改进 [J]. 工程爆破, 2002, 8 (3): 1-4.

[124] 卢文波, 董振华, 朱传云. 爆破地震波传播过程中衰减参数的确定 [J]. 工程爆破, 1997, 3 (4): 12-16.

[125] 卢文波, 张乐, 周俊汝, 等. 爆破振动频率衰减机制和衰减规律的理论分析 [J]. 爆破, 2013, 30 (2): 1-6, 11.

[126] 路胜卓, 张博一, 王伟, 等. 爆炸作用下薄壁柱壳结构动力响应实验研究 [J]. 南京理工大学学报, 2011, 35 (5): 621-626.

[127] 马伟平, 姜旭, 李贵荣, 等. 爆破振动对管道安全性影响评估研究 [J]. 石油工业技术监督, 2020, 36 (9): 50-53.

[128] 马险峰, 隋涛, 尚金华, 等. 双圆盾构隧道在内部爆炸荷载下的响应分析 [J]. 同济大学学报 (自然科学版), 2011, 39 (7): 983-988.

[129] 孟海利, 郭峰. 爆破地震波主频率的试验研究 [J]. 铁道工程学报, 2009 (11): 83-85, 95.

[130] 聂畅. 人工爆破对输气管道影响分析及安全控制措施研究 [D]. 成都: 西南石油大学, 2014.

[131] 蒲传金, 郭王林, 廖涛, 等. 桥桩爆破对埋地天然气管道影响控制措施分析 [J]. 爆破, 2015, 32 (3): 172-175, 182.

[132] 钱七虎, 陈士海. 爆破地震效应 [J]. 爆破, 2004 (2): 1-5.

参 考 文 献

[133] 曲树盛,李忠献. 内爆炸作用下地铁车站结构的动力响应与破坏分析 [J]. 天津大学学报(自然科学与工程技术版),2012,45(4):285-291.

[134] 全国锅炉压力容器标准化技术委员会. GB/T 27512—2011 埋地钢质管道风险评估方法 [S]. 北京:中国标准出版社,2011.

[135] 任翔. 埋地天然气管道在桥桩施工振动作用下的动态响应与安全监测 [D]. 成都:四川师范大学,2018.

[136] 邵煜. 埋地管道的失效机理及其可靠性研究 [D]. 杭州:浙江大学,2008.

[137] 时党勇,李裕春,张胜民. 基于 ANSYS/LS-DYNA 8.1 进行显式动力分析 [M]. 北京:清华大学出版社,2005:235-249.

[138] 舒懿东. 爆破振动下埋地天然气管道工况参数对管-土振动特征的影响分析 [D]. 成都:西南交通大学,2017.

[139] 宋春生,李鹏飞,蒲传金. 冲击钻孔振动对埋地管道的安全判据探讨 [J]. 天然气技术与经济,2011,5(1):40-42,78-79.

[140] 孙永,张文锡,任书明,等. 城区地铁车站基坑分块爆破控制技术 [J]. 工程爆破,2018,24(6):28-32.

[141] 唐海,李海波. 反映高程放大效应的爆破振动公式研究 [J]. 岩土力学,2011,32(3):820-824.

[142] 唐润婷,李鹏飞,苏华友,等. 临近埋地天然气管线桥梁桩基爆破施工减振方法的实践探讨 [J]. 福建建设科技,2011(1):38-40.

[143] 唐润婷,李鹏飞,苏华友. 桥梁桩基爆破施工对临近埋地天然气管线的影响 [J]. 工程爆破,2011,17(1):78-81.

[144] 田运生,汪旭光,于亚伦. 场地条件对建筑物爆破震动响应的影响 [J]. 工程爆破,2004,10(4):66-68.

[145] 王栋,何历超,王凯. 钻爆法施工对临近埋地管道影响的现场实测与数值模拟分析 [J]. 土木工程学报,2017,50(S2):134-140.

[146] 王晨婉. 基于贝叶斯理论的供水管道风险评价研究 [D]. 天津:天津大学,2010.

[147] 王复明,方宏远,李斌,等. 交通荷载作用下埋地承插口排水管道动力响应分析 [J]. 岩土工程学报,2018,40(12):2274-2280.

[148] 王国立,初宝民. 模拟爆破试验在西部管道工程中的成功应用 [J]. 石油工程建设,2006(5):14-18,82.

[149] 王海波,林皋. 半无限弹性介质中管线地震反应分析 [J]. 土木工程学报,1987,3:80-91.

[150] 王海涛,金慧,贾金青,等.地铁隧道钻爆法施工对临近埋地管道影响的模型试验研究[J].岩石力学与工程学报,2018,37(S1):3332-3339.

[151] 王鹏,周传波,耿雪峰,等.多孔同段爆破漏斗形成机理的数值模拟研究[J].岩土力学,2010,31(3):993-997.

[152] 王世圣,张宏,崔孝秉.地震载荷作用下埋地管道强度的简化计算[J].油气储运,2000,11:19-22.

[153] 王树江.爆破动载荷下埋地管道动力响应与振动能衰减研究[D].兰州:兰州理工大学,2020.

[154] 王伟.爆破地震波影响下结构动力响应及其开裂规律研究[D].青岛:青岛理工大学土木工程学院,2014:61-82.

[155] 王晓鹏,王海亮.浅埋隧道下穿高压给水管道微振动控制研究[J].山东科技大学学报(自然科学版),2016(3):61-66.

[156] 王振洪,侯雄飞,边明,等.爆破对天然气长输管道振动影响的安全判据[J].油气储运,2016,35(8):813-818.

[157] 魏鞾.爆炸冲击荷载下油气管道的动态响应分析与安全评价[D].成都:西南石油大学,2014.

[158] 夏宇磬,蒋楠,姚颖康,等.粉质黏土层预埋承插式混凝土管道对爆破振动的动力响应[J].爆炸与冲击,2020,40(4):73-83.

[159] 夏宇磬,蒋楠,周传波,等.下穿地铁隧道爆破振动作用下给水管道动力响应特性研究[J].爆破,2019,36(1):6-13,37.

[160] 肖文涛,肖文芳,房泽法,等.地铁隧道掘进爆破地表震动效应研究[J].武汉理工大学学报,2011,33(10):113-117.

[161] 徐全军,王希之,季茂荣,等.柱状装药近源场爆破振动峰值预报研究[C]//第七届全国工程爆破学术会议论文集,2001.

[162] 许红涛.岩石高边坡爆破动力稳定性研究[D].武汉:武汉大学,2006.

[163] 薛里,施龙焱,孙付峰.地铁浅埋隧道爆破开挖振动控制研究[J].地下空间与工程学报,2012,8(4):791-795,814.

[164] 薛倩.爆破对埋地管道的影响及风险管理[D].兰州:西北大学,2013.

[165] 尹江健,郑卓渊,周俊珍.城区基坑深孔控制爆破开挖[J].采矿技术,2011,11(5):140-142,144.

[166] 于咏妍,高永涛.钻爆法地铁隧道开挖对地下管线的影响[J].工程爆破,2015,21(4):6-10.

[167] 喻萌. 基于ANSYS的输流管道流固耦合特性分析 [J]. 中国舰船研究, 2007 (5): 54-57, 67.

[168] 岳鑫峰. 临近地埋天然气管道的桥梁桩基爆破震动效应及控制措施 [J]. 福建建设科技, 2012 (2): 72-73.

[169] 张继春, 曹孝君, 郑爽英, 等. 浅埋隧道掘进爆破的地表震动效应试验研究 [J]. 岩石力学与工程学报, 2005, 24 (22): 4158-4158.

[170] 张景华, 刘钟阳. 露天采矿爆破对中缅油气管道振动的影响试验 [J]. 油气储运, 2018, 37 (7): 816-821.

[171] 张俊兵. 地铁隧道临近次高压燃气管线爆破振动监测分析 [J]. 工程爆破, 2014, 20 (5): 28-31.

[172] 张黎明, 赵明生, 池恩安, 等. 爆破振动对地下管道影响试验及风险预测 [J]. 振动与冲击, 2017, 36 (16): 241-247.

[173] 张黎明. 中深孔台阶爆破振动对地下管道的影响研究 [D]. 贵阳: 贵州大学, 2015.

[174] 张立国, 龚敏, 于亚伦, 等. 爆破振动频率预测及其回归分析 [J]. 辽宁工程技术大学学报, 2005, 24 (2): 187-189.

[175] 张良, 管晓明, 张春魏, 等. 浅埋隧道爆破地下马蹄形管道的振动响应研究 [J]. 爆破, 2019, 36 (2): 117-125.

[176] 张文虎, 魏束强. 天然气管线附近石方爆破的工程实践 [J]. 工程爆破, 2009, 15 (3): 46-47, 66.

[177] 张永兴, 张远华. 隧道爆破开挖条件下地表建筑振动速度响应研究 [J]. 地震工程与工程振动, 2010, 30 (6): 112-119.

[178] 张玉琦, 蒋楠, 贾永胜, 等. 运营充水状态高密度聚乙烯管的爆破振动响应特性 [J]. 浙江大学学报（工学版）, 2020, 367 (11): 59-66, 76.

[179] 张震, 周传波, 路世伟, 等. 爆破振动作用下临近埋地混凝土管道动力响应特性 [J]. 哈尔滨工业大学学报, 2017, 46 (9): 79-84.

[180] 张志强. 在役管道近距离并行管沟的爆破施工技术 [J]. 石油工程建设, 2011, 37 (1): 36-41, 7-8.

[181] 张忠超. 爆破作用下埋地管线安全允许振速研究 [D]. 福州: 福州大学, 2017.

[182] 张紫剑, 赵昌龙, 张黎明, 等. 埋地管道爆破振动安全允许判据试验探究 [J]. 爆破, 2016, 33 (2): 12-16.

[183] 赵珂, 蒋楠, 周传波, 等. 爆破地震荷载作用下埋地燃气管道动力响应尺寸效应研究 [J]. 振动与冲击, 2022 (2): 64-73.

[184] 赵铮,陶钢,杜长星.爆轰产物JWL状态方程应用研究[J].高压物理学报,2009(4):277-282.

[185] 郑爽英,杨立中.隧道爆破地震下输气管道动力响应数值试验[J].西南交通大学学报,2017,52(2):264-271.

[186] 郑爽英,杨立中.下穿隧道爆破地震作用下埋地输气管道的动力响应规律研究[J].爆破,2015,32(4):69-76,109.

[187] 郑爽英,邹新宽.下穿隧道爆破振动作用下石油管道的安全性评价[J].爆破,2015,32(2):131-137.

[188] 国家安全生产监督管理总局.GB 6722—2014 爆破安全规程[S].北京:中国标准出版社,2015.

[189] 全国橡胶与橡胶制品标准化技术委员会.GB/T 21873—2008 橡胶密封件 给、排水管及污水管道用接口密封圈 材料规范[S].北京:中国标准出版社,2008.

[190] 中华人民共和国建设部,国家质量监督检验检疫总局.GB 50032—2003 室外给水排水和燃气热力工程抗震设计规范[S].北京:中国标准出版社,2003.

[191] 中华人民共和国建设部.GB 50028—2006 城镇燃气设计规范[M].北京:中国建筑工业出版社,2006:35-36.

[192] 中华人民共和国交通运输部.JTG B02—2013 公路工程抗震规范[S].北京:人民交通出版社,2013.

[193] 国家市场监督管理总局,国家标准化管理委员会.GB/T 17742—2020 中国地震烈度表[S].北京:中国标准出版社,2021.

[194] 中华人民共和国住房和城乡建设部.GB 50253—2014 输油管道工程设计规范[S].中国计划出版社,2014:55-56.

[195] 中华人民共和国住房和城乡建设部.GB 50268—2008 给水排水管道工程施工及验收规范[S].北京:中国标准出版社,2008.

[196] 中华人民共和国住房和城乡建设部.GB 50010—2010 混凝土结构设计规范[S].北京:中国建筑工业出版社,2011.

[197] 钟冬望,龚相超,涂圣武,等.高饱和黏土中爆炸波作用下直埋聚乙烯管的动力响应[J].爆炸与冲击,2019,39(3):48-59.

[198] 钟冬望,黄雄,司剑峰,等.爆破荷载作用下埋地钢管的动态响应实验研究[J].爆破,2018,35(2):19-25.

[199] 周俊汝,卢文波,张乐,等.爆破地震波传播过程的振动频率衰减规律研究[J].岩石力学与工程学报,2014,33(11):2171-2178.

[200] 周利芬, 顾家葳, 李顺波. 近输油管道边坡松动爆破震动分析 [J]. 黑龙江科技学院学报, 2008 (6): 451-454, 459.

[201] 朱斌, 蒋楠, 贾永胜, 等. 下穿燃气管道爆破振动效应现场试验研究 [J]. 岩石力学与工程学报, 2019, 38 (12): 2582-2592.

[202] 朱斌, 蒋楠, 周传波, 等. 基坑开挖爆破作用临近压力燃气管道动力响应特性研究 [J]. 振动与冲击, 2020, 39 (11): 201-208.

[203] 朱泽兵, 张永兴, 刘新荣, 等. 特大断面车站隧道爆破开挖对地表建筑物的影响 [J]. 重庆大学学报: 自然科学版, 2010, 32 (2): 110-116.